戦前日本の
マーケティング

野村 比加留

筑波書房

はしがき

本書はマーケティングを歴史的に研究した一つの研究成果である。本書では特に明治維新以降の日本の近代化にともなって規模を拡大させていった戦前日本の企業を取り上げて、その、対市場活動を検討している。

さて、マーケティング・流通研究では、歴史的研究の比重が必ずしも大きいとは言えないというのが現状である。しかし、歴史的研究が全く意味を成さないかというと、そうではない。それどころか歴史的研究は知識の蓄積といったモノだけではなく、極めて有意義な研究領域である。

今更、歴史的研究の有用性を説く必要も無いと思うが、歴史的研究は過去の成功事例・失敗事例の知識としての蓄積やそれから学習するということがあげられる。そこで学習した因果関係などは現代の事象にも応用が利くことが多い。また、過去の事例を分析することで未来の予測を立てることも可能となる場合もある。そして、過去の事例を学習する過程を通して分析能力の向上にもつながると考える。

こうした歴史的研究の重要性は徐々に広がりを見せており、プラグマティズムなマーケティング研究の多いアメリカにおいてもアメリカ・マーケティング史学会（CHARM：Conference on Historical Analysis and Research In Marketing）が設立され、2009年にマーケティング史やマーケティング学説史を専門的に扱う学術雑誌としてJournal of Historical Research in Marketingを創刊し、現在までに約300を超える学術論文が掲載され、急速にマーケティング史研究の量的拡大が見られる。

日本においても1988年に発足した日本マーケティング史研究会が30周年を迎えた2018年にマーケティング史学会へと名称を変更し、会員数も発足当時に比べると３倍強に増加していることに加え、2022年に学術雑誌『マーケティング史研究』の創刊を予定しており、欧米同様にマーケティング領域における歴史研究の重要性が認識されるようになっていることが窺える。

本書の構成は次のようになっている。序章では本書の全体を通したテーマやマーケティングをどのように捉えるかについて論じる。

第１章では、マーケティングの母国であるアメリカにおけるマーケティングの生成について述べている。ここでは、マーケティングが生成した背景として、大量生産体制が確立し、企業がそのために激化した市場問題の解決の手段が必要になったことを指摘した。こうした独占資本主義経済の特質は、戦前日本でも同様であったのではないかと主張している。アメリカのマーケティングの生成期に関しては、主に、1880年代に商品特性から既存の商業企業では販売が容易でなかった一部産業の対市場活動にマーケティングの生成を求めるものと、ビッグ・ビジネスの台頭と関連して20世紀初頭にマーケティングが生成したとするものがあることを紹介した。

第２章では、戦前日本にマーケティングが存在しなかったとされる理由として、荒川祐吉氏が指摘した⑴貧弱な国内市場よりも、外国貿易に依存したこと、⑵商業資本の勢力が強く、商品販売をこれに委託することがより効果的であったこと、白髭武氏が指摘した⑴貧弱な国内市場よりも、軍事的国家権力を背景として、海外市場の強奪を積極的に進めたこと、⑵軽工業部門が中心で耐久消費財の生産に見るべきものがなかったこと、⑶流通過程を商業資本にほとんど把握されており、強度に自主的な商業資本に市場開発問題の解決を委ねるほうがより効果的であったことを紹介し、これらの主張に対して国内市場が貧弱であったからといって、その市場を支配しようとする諸技法をまったく行わなかったとは考えにくいこと、マーケティング活動が耐久消費財に限定される必要性があるのか疑問に思うことをあげ、批判的検討をしてきた。また、久保村隆祐氏、森真澄氏、前田和利氏、森川英正氏、鳥羽欽一郎氏、小原博氏、柳偉達氏の戦前日本のマーケティングについての研究も紹介している。

第３章では、戦前日本に進出してきたアメリカ企業の対市場政策を検討した。戦前日本においては、自動車産業や、ミシン産業のように、まず外国企業が自国で行っていたマーケティング活動をそのまま導入して活動していた。そこから、日本企業も影響されて、アメリカ企業が持ち込んだマーケティング手法の模倣や対抗手段を捻出したことなどを検討している。

第４章以降では、戦前日本の消費財産業を取り上げて検証した。第４章では製粉産業を取り上げ、主に日本製粉と日清製粉の対市場政策を検討している。両社ともに顧客の用途や嗜好に応えるために製品の多様化を行った。これは顧客満足の充足や顧客志向といった思想が、製品政策に反映していたことが明らかになった。また、製粉産業においては生産財的要素も強かったためインダストリアル・マーケティング的性格が強い活動が展開されていたことを指摘した。

第５章では、繊維産業を取り上げ、主に鐘紡、グンゼ、福助足袋の対市場政策を検討している。まず、鐘紡では綿密な市場調査に基づいた対市場活動、グンゼではマーケティング思想の「二重構造性」のさきがけが、福助足袋では体系的な対市場政策が展開されており、マーケティングが展開されていたことが指摘した。

第6章では洋菓子産業を取り上げて、主に森永製菓、江崎グリコ、明治製菓を検討した。

それぞれの企業はその手法においてはそれぞれ独自のスキームを用いているのであるが、経営理念の中には消費中心志向が見受けられ、体系的な対市場政策を展開していたと考えられ、マーケティングが実践されていたと指摘した。

第7章では麦酒産業を取り上げて、主に大日本麦酒と麒麟麦酒の対市場活動について紹介し、検討した。大日本麦酒では「品質第一、信用第一、生産第一」といった理念、麒麟麦酒では消費者や得意先の信頼を重んじて、広告などよりも品質を重視していくという考えをもとに対市場活動が展開された。そして、両社ともに大量生産体制を構築したが、消費者の嗜好を把握しそれに対応しようとしたこと、戦後のプライス・リーダー制度に繋がるような価格政策の動き、大日本麦酒の特約店制度の特徴や麒麟麦酒の明治屋との総代理店制度などに言及して検討している。

第8章では醤油産業を取り上げた。醤油産業は伝統産業であり、日本の在来産業の中でもマーケティングが展開されたかどうかを検討することは格別意義のあることだと考える。本章では主に野田醤油株式会社の対市場活動について検討した。「社会に開かれた」「社会に奉仕する企業」といった考えのもとに行われた品質の高い製品造りは、競争相手であった小豆島の丸金醤油からは「消費者本位であって、能う限り良い品を提供することによって消費者を利益」すると見られていた。また、キッコーマン・ブランドへの統一によるナショナル・ブランド化、「問屋委託販売製度」を「値極制度」に変更し、価格決定権を問屋から奪還したこと、有力問屋との特約店契約から各問屋との直接取引への移行などを検討している。

結語では本書を通して戦前の消費財産業から製粉産業、繊維産業、洋菓子産業、麦酒産業、醤油産業にスポットを当てその中から大企業を取り上げげて、分析・検証を加えたことを論じた。ここで取り上げた企業においては、体系的な対市場政策が展開され、中には今日のマネジリアル・マーケティングにも類似するような活動が行われていた。つまり、マーケティングが実践されていたことが明らかとなったと結論づけている。

今後も日本国内においてもマーケティングの歴史的研究が質・量ともに深化・拡大していくことを願ってやまない。

野村　比加留

目 次

序章　マーケティングをどのように捉えるか

戦前日本においてマーケティングは、部分的あるいは萌芽的に存在したという説もあるが、アメリカから1956年以降、本格的に導入されたというのが通説である。しかし、アカデミックな分野では、戦前すでにアメリカのマーケティング論について紹介がなされている。例えば、谷口吉彦氏は、その著書『商業組織の特殊研究』[1)]や『配給組織論』[2)]のなかでマーケティング論を私経済的視点なものと社会経済的視点なものとに分類して、前者の代表的な論者として、A.W. ショーやR.S. バトラーなどの考えを紹介し、後者の代表としてL.D.H ウェルド、F.E. クラーク、P.W. アイビ、E. ブラウン、R.F. ブレイアーなどのマーケティング論を紹介している。

また、戦前の研究の中にもマーケティングに相通じるものもある。例えば、坂本重関氏は、『販売の研究』[3)]のなかで、「今日の生産方式が商品生産である限り、そこには商品の買手の存在を必要とする。……それ故、大量生産は大量販売組織を有しない限りは、忽ちにして、行きつまつてしまうだろう」[4)]との認識に立って販売の研究を展開している。そして、「販売に於いて、第一に攻究すべき重要なる要素はお客である。現代はズピード時代、ハイテンポーの時代であるからして、お客の意向、趣味、等、は変転極まりない。したがつて、生産者はお客の時代的要求に常に留意して、お客の精神、趣好、等、を研究する必要がある。而して、お客の時代的変転に巧妙に順応した商品を生産する工場には注文が殺到することは受合である」[5)]という。そして、「生産者はお客の召使いである」[6)]ということを強調している。これは、現代マネジリアル・マーケティングが重視する、ニーズ（needs）やウォンツ（wants）の把握や消費者中心志向と相通じるものがあると考える。

また、上野陽一氏は、『販売心理』[7]のなかで、販売行為への心理学の応用をうたい、消費者心理研究の必要性を説いている。そして、販売研究の分野として、いくつか列挙しているが、例えば製品研究については、「大量に販売される品物は、買手の需要にピタリ合つたもの、もしくは新しい需要を喚び起し得るものでなければならない。品物の実質はいふまでもなく、名称、形、色合、値段、見かけに至るまで十分の研究と調査を要する」[8]というものであるとし、つづけて、製品研究と市場調査は大いなる関係を有するものであると述べている。そして、市場調査については、「販売とは製品を買手に渡すことを目標とするものであるから、買手となるべきものが、どこに、どれだけゐて、どれだけ買ふかといふ見込みをつける必要がある。これなくしては、販売の計画がたゝず、販売の計画がたゝねば、製造の計画も、仕入れの方針もたゝない」[9]と位置づけている。ここでも、現代マーケティングにも通じる、消費者行動・消費者心理研究の必要性、製品政策の中での消費者中心志向の重要性、需要創造の必要性、買手ニーズの把握、市場調査の重要性などが論じられているのである。

ここまで簡単にアカデミックな部門を見てきた。それでは、実業界では、戦前、マーケティングに接する機会はなかったのであろうか。実業界でも、その数は多くはなかったかもしれないが、アメリカへの視察あるいは留学という機会を通してテーラーの科学的管理法、それに基づいた販売員管理法、販売管理、などの管理法に接する機会があり、またその個々の技法についても持ち帰り導入していたのである。そしてこれらのことから推し量って、戦前のアメリカで行われていたマーケティングの技法についても、その有効性を認められたものは、個人レベルあるいは企業単位ではあろうが部分的に導入されていたのではないかと推察できる。もちろんこれらの部分的な技法をさして、すぐにマーケティングが行われていたというのではないが、この推論を無視できるほど、明快な検証がなされていないのもまた事実である。アメリカへの視察や留学の機会を通してマーケティングの技法の部分的導入があったのではなかろうかという推論もさることながら、後述するように、アメリカの企業である自動車のフォード、ゼネラル・モータースやミシンのシンガー社などは、戦前日本市場において対市場活動を展開しており、日本の同業者やその他の企業に計り知れない影響を与えていたのは想像するに難しくない。このことをもっても、アメリカ・マーケティングの部分的導入は、戦前日本でも始まっていたのではないか、という疑問はより一層膨らむことになる。

最近のアメリカ・マーケティング論研究の一潮流として、一連のマーケティング史が注目されてきている。この潮流の特徴を簡単に要約すれば以下のようになる。これらの研究はマーケティング活動の歴史性を重視し、また、これまでのマーケティング研究が自民族中心に行われてきたことを批判し、マーケティング史は時代的限界をもたず、また地理的限界をもたないということを念頭に置きながら、マーケティングの中心概念を交換とし研究を行っていこうというものである[10)]。マーケティングの中心概念に交換をすえるなど問題もあるが、これらの研究の努力には敬意をはらいたい。特に、このマーケティング史研究では、それぞれの国々の時代時代の社会経済的、文化的、政治的環境によって独自のマーケティングの発展の可能性を認めたことは称賛に値する。つまり、日本で独自に展開されてきたマーケティングが存在してもおかしくないのである。

そこで、本書では、戦前の日本においてマーケティング活動ははたして行われていたのかということをいくつかの事例をとりあげて考察していくことにする。

さて、本題にはいる前に重要なことは、マーケティングをどのように捉えるかという問題である。本書では、地理的限界をもたないという立場を受け入れる。そのため、これまでアメリカ・マーケティング協会（AMA）が公表してきたどの定義もアメリカ・マーケティングのバイアスがかかっているため、これらに従うわけにはいかない。そこで、保田芳昭氏の「マーケティングは、そのかぎりでは、市場政策行動的側面と思想的側面の統一として、独占の経済目的達成手段」[11)]という主張に着目したい。つまり、マーケティングは思想と技法の統一物であるという考えを中心にすえた、「マーケティングとは、企業とりわけ巨大製造企業の体系的な対市場活動である」[12)]という定義を基本的に受け入れる。しかし、この定義をただ単純に戦前日本の対市場政策に当てはめていけばいいとも考えていない。なぜなら、マーケティング発祥の地といわれるアメリカでは、マーケティングは19世紀後半から20世紀初頭に生成したと考えられている。しかし、今日的な意味において、厳密に上述の要素すべてを含んだものがマーケティングだとした場合、アメリカでは、19世紀後半から20世紀初頭ごろにはマーケティングが存在しなかったことになってしまうのである。しかし、例えばプロモーション活動の存在を指摘しただけでマーケティングが存在したとはいえない。そこで、本書では、何らかの形で（例えば市場調査や消費動向調査など）市場や消費者を知ろうとする活動が見受けられ、時代背景や商品の性質・特性などによって重視される市場政策は変わっていくであろうが、少なくとも４Ｐを成す、製品政策、価格政策、流通経路政策、プロモーション政策が個々に単独で展開されているのではなく、互いに影響し、補完しあう密接な関係がある対市場政策をマーケティングととらえる。

なお、マーケティングの成立は独占資本の登場と切り離して議論はできないと考えるため、検討する時期を、資本主義の独占段階への移行期以降としたい。とくに、第一次世界大戦と第二次世界大戦の間の期間を中心として検討していきたい（1918年頃から1941年頃まで）。ただし、本書で取り上げた産業については、それぞれの産業の成り立ちや特性から検討期間を広めに設定しているものもあり、各章でその都度ことわりを入れている。

注

1）谷口吉彦『商業組織の特殊研究』日本評論社、1931年、52～58ページ参照。
2）谷口吉彦『配給組織論』千倉書房、1937年、39～43ページ参照。
3）坂本重関『販売の研究』森山書店、1932年。
4）同上書、２ページ。
5）同上書、５ページ。
6）同上書、６ページ。
7）上野陽一『販売心理』千倉書房、1936年。
8）同上書、15ページ。
9）同上書、15ページ。
10）詳しくは、R.A. Fullerton, "The Poverty of A historical Analysis : Present Weakness and Future Cure in U.S. Marketing Thought," A.F. Firat, N. Dholakia, R.P. Bagozzi ed., *Philosophical and Radical Thought in Marketing, Lexington Books*, 1987. R. Savitt, "Historical Research in Marketing," *Journal of Marketing*, Vol.44, No.3, Fall, 1980. Erdogan Kumcu, "Historical Analysis of Distributio n Systems : An International Research Agenda," *Marketing in the Long Run, Preceedings of the Second Workshop on Historical Research in Marketing*, East Lansing MI: Michigan State University, 1985. T. Nevett and S.C. Hollander, "Toward a Circumscription of Marketing History: An Editorial Manifesto," *Journal of Macromaketing*, Vol.14, No.1, Spring 1994. T.

Nevett and Kazuo Usui, "Exploring The Nature of Marketing History : Proposition and Discussion,"『社会科学論集』第88号、1996年７月号などを参照されたい。また、実際の研究成果については R.A. Fullerton, ed., *Exporation in the History of Marketing*, Greenwich, Connecticut: JAI Press, 1994. などを参照されたい。

11）保田芳昭『マーケティング論研究序説』ミネルヴァ書房、1990年、５ページ。

12）保田芳昭編『マーケティング論』大月書店、1993年、10ページ。

第1章　アメリカにおけるマーケティングの生成

本書の主たる目的は戦前日本においてマーケティングが展開されていたかどうかを解明することにあるが、その前に、マーケティング生成の地といわれているアメリカでの事情について触れておきたい。アメリカにおけるマーケティングの生成に関しては、いくつかの説があるが、それらを概観することによって、日本のマーケティングの生成について考える端緒としたい。

1．ケイス説

マーケティングの時代区分に関するアメリカの通説は、ケイス（R. J. Keith）を起点として、現在でもコトラー（P. Kotler）をはじめマーケティングのテキストに継承されている[1)]。もちろん、コトラーなどは、ケイスの時代区分をそのまま受け入れているわけではない。例えば、コトラーは生産志向、製品志向、販売志向、マーケティング志向、ソサエタル・マーケティング志向とに分け同一企業内でも複数の志向がみられたり、同時代でも各企業によって志向に差異を認めている。しかし、製品志向は、生産志向の、販売指向は製品志向の、マーケティング志向は販売志向の、ソサエタル・マーケティング志向はマーケティング志向のより発展した志向ととらえているところは、ケイスの時代区分と発想が基本的に同じである[2)]、と思われる。

ケイスは、1960年の「マーケティング革命」[3)]という論文において、ピルスバリー社（Pillsbury）の発展段階を4つの時代に区分している。

第1の時代は、生産中心志向（Production Oriented）の時代であり、それは1869年の創業から1930年代までつづいた。この時代の経営者の主たる関心は生産にありマーケティングにはなかった[4)]。

第２の時代は、販売中心志向（Sales Oriented）の時代であり、1930年代に移行してきた。この時代に経営者たちは、消費者の要求・予測をビジネス方程式のキー・ファクターとして強く意識しはじめた。そして、市場調査のために商業調査部門を設立した。また、この時代には、消費者との連結のうえで卸売商・小売商の重要性を知るようになった。そのためには、すぐれた販売組織を持たなければならなかった[5)]。

第３の時代は、マーケティング志向（Marketing Oriented）の時代であり、1950年代頃から始まる。多くの新製品を生み出す中で、新製品種類を選定する基準を必要とした。また、基準の確立と維持・最大限の販売獲得のための組織が必要となった。それはマーケティング部門であり、調達、生産、広告、販売などのすべての会社の諸機能を方向づけて統制する一つの新しい管理機能を行った。この部門はどの製品を市場に出すかの決定をする基準を設定した。そして、これらの基準は、消費者自身が製品に求めている基準と同じものである。いまや会社の目的は、われわれの顧客の現実的かつ潜在的なニーズと欲望を満足させることにあった。そして、いまやビジネス・ユニバースの中心は会社ではなく顧客によって占められていた[6)]、というのである。ここで留意しておきたいことは、この時代にいわゆるマーケティング・コンセプトが導入されたこと、そして、その中核をなす「消費者中心志向」[7)]が強調された点である。

第４の時代は、マーケティング・コントロール（Marketing Control）の時代である。この時代の哲学は「マーケティング・コンセプトをもった会社からマーケティング会社に移行しつつある」という。それは長期政策と深くつながり、消費者研究、技術研究、調達、生産、広告、販売のみならず、資本・財務計画、10年間の販売量や利潤目標もまたマーケティングの傘の下に入るであろうし、それはトップ・マネジメントと結びつかねばならない[8)]。

以上、ケイスのピルスバリー社における発展段階を見てきたわけだが、彼はピルスバリー社における発展段階は何らユニークなものではなく、各段階が典型的なものであるとして、一般性をもたせようとしているのである[9)]。

ケイスの発展段階説には、いくつかの問題点があげられる。まず、ケイスの発展段階説は経済環境や社会的条件についてまったく言及していない点が上げられる[10)]。また、一会社の発展段階をなんの論証も加えずに一般化していることも大きな問題点であるといえよう[11)]。

保田芳昭氏は、「このマーケティング史観は資本主義の客観的・法則的な経済発展段階論とは異なり、主として資本家の主観的な市場認識にもとづく点に特徴がある」[12)]と的確に指摘している。

またこの説では、マーケティングの開始時期が第２段階からなのか、第３段階からなのかが曖昧[13)]な点も問題である。

以上、ケイスの発展段階説を見てきたわけだが、この見解は、経済的環境や社会的条件を考慮しない点、また極めて主観的な点など多くの問題を抱えながら、いまでもアメリカでは多くのマーケティングのテキストに採用されている[14)]。これは安易な風潮であるといわれてもしかたがないのではなかろうか。

２．交換概念重視

アメリカのもう一つのマーケティング史を捉える流れとしては、マーケティング史をきわめて長い時間的枠組みで捉えようとするものがある[15)]。これらの論者に共通する特色は、マーケティングの基礎的特徴として交換（Exchange）概念を重要視するところにある。

例えばフィスク（G. Fisk）はマーケティングを「需要を刺激しまた満たす全ての活動」[16)]と定義している。そして、これらの活動を行う必要条件として、交易可能な余剰商品の存在、物的流通システムの存在、市場の存在、取引手法の存在をあげている。そして彼は、これら４つの条件は古代ギリシャ時代に存在していたとしている[17)]。つまり、彼は古代ギリシャ時代にマーケティングの生成期をもとめている。

これらの議論に対しては、交換概念をあまりにも強調するあまりにマーケティング史と商品流通史一般との区別が難しい点[18)]や「マーケティング」という名詞が特別の意味を持ってあらわれた時期との時間的なづれについての説明が必要であると指摘されている[19)]。

３．経営史的視点

経営史の立場から、多くの事例をあげながらマーケティングの生成期についての見解を示している例としてチャンドラー（A. F. Chandler)、テドロー（R. S. Tedlow)、白髭武氏をあげることができる。

チャンドラーによれば、19世紀後半から末葉にかけて、消費財産業企業は、市場問題の解決法をさがしていた。それは、原材料の生産・購買、製造、販売、財務などを垂直的統合を果たすことによって解決をはかった。つまり、製造業者は、それまでの単に製造のみの機能を果たすことから、販売までの一貫した活動を果たすことへと目標を変化させたのである。ここにマーケティングの生成が見られる。そしてチャンドラーは、そこでは２つの異なった展開を抽出している[20)]。

第1のタイプは、生鮮食肉、タバコ、高級小麦粉、農業用収穫機、ミシン、タイプライター、レジスター、カメラや写真フィルムなどで、そのどれもが従来にない新製品であり、それらは腐敗性の高いものであったり、複雑な機械製品であったりしたため、既存の商業企業によっては販売は容易ではなかった。また、新しい連続行程機械の採用によって生産性が飛躍的に拡大し、既存の商業企業に依存していては迅速な流通が確保できなかったため、やむなくこれらを製造する企業は、自社内で販売機能を担当せざるをえなかった。つまり、積極的なマーケティング活動を自ら行うことで対処したのである。これらの企業のマーケティング活動はおおむね1880年代にその起源をもっている[21)]。

第2のタイプは、当初、既存の商業企業に販売を委ねていたが、過剰生産、競争激化の中で、合併を繰り返しながら企業集中が進んだ。こうして19世紀末、ビッグ・ビジネス（独占資本）が台頭するが、これによって競争が軟化することはなく、それまで以上の激しい競争状態を露呈するところとなりいまや販売過程を商業から奪い、自社内にこれを統合して新しいマーケティング活動を推進したのであった。このタイプの顕著な事例は、石油、砂糖、灯油、ウイスキー、鉛などであった。これらの企業のマーケティング活動はおおむね20世紀初頭から1910年代にその起源をもっている[22)]。

つぎにテドローの見解についてみてみよう。テドローはアメリカ・マーケティングの発展を3段階に識別している[23)]。第1段階は1880年代以前の時代で、輸送手段や通信の不備によってアメリカ国内市場は何百もの地方市場に分断されており、彼はこの時代を分断の時代と呼んだ。そして、この段階の特徴として、「高マージン、少量販売」[24)]などをあげている。第2段階は鉄道と通信の完成による、全国市場が登場した1880年代以降から1950年代頃までをさして、統一の段階と呼んでいる。この段階の特徴は、「大量生産、低マージン、全国がマス・マーケットへ統合」[25] されたことをあげている。第３段階は1950年代以降であり、この段階は市場細分化によって特徴づけられるとして細分化の段階と呼んでいる。この段階の特徴は「大量販売、顧客価値に基づく価格設定、人口統計的・心理的細分化」[26] をあげている。

テドローによれば、これらの段階は「マーケティングの歴史的発展への理解を助けてくれる一般的指標として活用される。合衆国のすべての産業がこれらの段階を同時に通過してきたと主張するつもりはない」[27] として、市場の変化と企業のマーケティング戦略の変化を関連づけて時代区分を行っている。

さて、ここでの本題として、テドローは、マーケティングの生成期についてどのように考えていたのだろうかということが問題となる。テドローは、マーケティングの生成期については言及していない。というよりは、「マーケティングは定義するのが難しいため論じるのも難しく、つかまえどころのないテーマである」[28] と述べている。つまり、マーケティングをどうとらえるかによってマーケティングの登場の時期が変わってくると認識していたと思われる。ただ、ここで留意しておきたいのは、テドローのこの本での中心的課題は大量販売による利益獲得戦略としてのマス・マーケティング史であり、先駆的な企業は、第２段階の1880年以降にマス・マーケティングに移行してきたことを指摘している点である[29]。

白髭武氏は、マーケティングとは、主として製造業による最終需要の開拓を指す言葉であるとして、若干の例外を除いて先駆的な企業にはそのマーケティング活動の起源をみることができる。しかし、それらは限定された企業[30]で、多くは19世紀末に発生したという立場をとっている[31]。

以上、マーケティング実践史における生成期を検討してきたわけだが、生成期の必ずしも明確でないもの、マーケティングを商品流通一般とほぼ同義語として扱い、その発生を遥か古代ギリシャなどに求めるもの、1880年代の一部産業からマーケティング活動の生成を求めるもの、ビッグ・ビジネス（独占資本）の台頭と関連して20世紀初頭から1910年代にかけてマーケティングが生成したものの4つに大別できると考える。ケイスの説に見られるようなマーケティングの生成の必ずしも明確でないものは検討のしようがないが、フィスクのように古代ギリシャにまでさかのぼってマーケティングの生成を示す説は、マーケティングの実体とマーケティング論の成立期との時間的隔たりについての説明がなされなければ、説得力に乏しいといわねばならない。このため、ケイスやフィスクの説は生成期に関して問題が多いため支持することはできない。

1880年代に一部の産業においてマーケティング活動の生成をみとめる説は、製造企業の対市場活動としてのマーケティングという立場からは、無視することは到底できない。しかし、これらの産業はその商品の特殊性から自らマーケティング活動に乗り出したものが多く、どちらかといえば例外的なものであったといわねばならない。だが、これらの企業のマーケティング活動の萌芽的な意味あいの重要性を無視するものではない。

20世紀初頭から1910年代にかけてマーケティングの生成をみる説は、独占資本主義の成立期とほぼ時期を同じくし、それを背景にビッグ・ビジネス（独占資本）による大量生産は大量販売の必要性を生み、ビッグ・ビジネスの対市場政策としてマーケティング活動が展開されたとみることができる。この説が一番説得力をもっていると考える。

つまり、アメリカにおけるマーケティングの生成期を考えたとき、1880年代にその生成をみて、20世紀初頭から1910年代に本格的に成立したと考えるのが妥当であると考える。

振り返って戦前日本の経済条件を考えてみると、日本においてもすでに独占資本主義は成立していたし、大量生産体制を構築したビッグ・ビジネスも数多く存在していた。つまり、条件的には戦前日本においてもマーケティングが展開されていてもおかしくなかったのではないだろうか。

注

1）尾崎久仁博「マーケティングの発展段階をめぐって――通説と最近の議論の動向――」『同志社商学』第45巻４号、1993年、93ページ。
2）Philip Kotler, *Marketing Management,*（Englewood Cliffs, NJ, Prentice Hall, 1991）pp.12-27.
3）Robert J. Keith, “The marketing revolution,” *Journal of Marketing,* Vol.24 No.3, Jan., 1960, pp.35-38.
4）*Ibid.*, p.36.
5）*Ibid.*
6）*Ibid.*, p.37.
7）保田芳昭『マーケティング論研究序説』ミネルヴァ書房、1976年、「消費者中心志向」については第２章，第３章で詳しく述べられているので参照されたい。
8）Robert J. Keith, op. cit. p.38.
9）*Ibid.*, p.36.
10）Ronald A. Fullerton, “How modern is modern marketing? Marketing’ s evolution and the myth of the “production era”, “*Journal of Marketing,* Vol. 52, Jan., 1988, p.109.
11）*Ibid.*, pp.108-9.
12）保田芳昭、前掲書、88ページ。
13）尾崎久仁博、前掲論文94ページ参照。
14）同上論文、94～97ページ参照、Fullerton, op.cit., p.109.

15）G. Fisk, *Marketing Systems: An Introductory Analysis,*（Harper & Row, Publishers, 1967）. Ronald A. Fullerton, ed., *Exploration in the History of Marketing,*（Greenwich, Connecticut: JAI Press Inc., 1994）.
16）Fisk, *Ibid.*, p.10.
17）*Ibid.*, pp. 27-67.
18）光澤滋朗『マーケティング論の源流』千倉書房、1989年、278～279ページ参照。
19）ロバート・バーテルズ、山中豊国訳『マーケティング学説の発展』ミネルヴァ書房、1993年、４～６ページ参照。
20）A.D.チャンドラー、鳥羽欽一郎・小林袈裟治訳『経営者の時代　下』東洋経済新報社、1979年、502～502ページ参照。
21）同上書、505～539ページ参照。
22）同上書、552～584ページ参照。
23）R.S.テドロー、近藤文男監訳『マス・マーケティング史』ミネルヴァ書房、1993年、２～22ページ参照。
24）同上書、６ページ。
25）同上書。
26）同上書。
27）同上書。
28）同上書、３ページ。
29）同上書、３、15～19ページ参照。
30）白髭武『現代のマーケティング』税務経理協会、1962年47～62ページ参照、先駆的企業の実践としてプロクター・アンド・ギャンブル社の広告活動、NRC社におけるパターソン（J. H. Patterson）による科学的販売管理の実践などについての明細が述べられているので、参照されたい。
31）白髭武『アメリカンマーケティング発達史』実教出版、1978年、60～64ページ参照。

第2章　戦前日本のマーケティングに関連する研究

1．戦前日本にマーケティングが存在しなかったとする理由

この節では、戦前日本にマーケティングがなかったという理由について紹介し、それらに疑問点を提示したい。

荒川祐吉氏は、戦前日本にマーケティングがなかったことについて次のように述べている。「日本の企業経営はマーケティングとは無関係であった。その理由として種々のものが考えられるが、たとえば日本の独占資本はその製品の販売を主として外国貿易に依存し、国内市場はわが国資本主義の特殊構造からして貧弱であったのみならず、輸入商品の販売については体系的な下請問屋制支配を通じてその需要者をにぎり、何らそこに深刻な問題性を感じなかったことや、商業資本の勢力が相対的に強く独占資本も商品販売をこれに委託することがヨリ効果的であった」[1)] という点をあげている。

また、森下二次也氏は、「独占資本は、このような市場問題にたいしておよそ二様に対応する。第1の対応は国家権力による、あるいは国家機構を通じてする市場の絶対的拡大である。これはさらに2つの方向にわかれる。その1つは世界領土の再分割による外延的拡大であり、……その2は内外既存市場の開発・深化による内包的拡大である。……第2の対応は全体として与えられた一定の市場内部における、そのわけ前の争奪である。それは独占資本と非独占資本、独占資本ないし独占体相互間の、市場占拠率をめぐっての競争として展開される。市場占拠率をたかめようとして、……いろいろな手段が導入され結集

される。……このようなもろもろの手段をもってする独占資本の市場問題へのこの第２の対応こそ、ここでの主題たるマーケティングにほかならない。……市場問題にたいする独占資本の第１の対応と第２の対応との関連（は、）……マーケティング成立の当初においてはなお結合の関係よりはむしろ排除の関係が支配的であったといわなければならない。マーケティングがいちはやくアメリカに生成した事実も基本的にはこのことに関連している」[2)] と主張している。つまり、戦前、アメリカの独占資本は、第２の対応を中心に、その他の各国（日本も含む）の独占資本は第１の対応を中心として市場問題の解決を図ったというのである。

また、白髭武氏によれば、「日本独占資本は、軍事的国家権力を背景として、国際的競争の谷間をぬって、貧弱な国内市場よりむしろ主として外国市場を積極的に強奪し、さらに、総資本における貿易商業資本や卸売商業資本の優位性と軽工業資本による小生産領域の大なることを前提とした商業に対する産業の低位性という資本関係の前近代性によって、独占資本は、流通過程をほとんど商業資本に把握され、むしろ市場開発問題の解決を、強度の自主性をもった商業資本に委任することがより効果的であったからである。なかんずく、戦前の日本重化学工業は、軍需市場を中心として軍事的帝国主義的膨張政策によって育成されているにすぎなかったので、日本産業全般は繊維工業を中心とする軽工業段階にあり、耐久消費財の生産にみるべきものが少なかったことは、マーケティングを積極的に採用することを自ら必要としなかった」[3)] というのが戦前日本にマーケティングが存在しなかった理由としてあげている。

上述の三氏の主張をまとめれば、戦前日本にマーケティング活動がなかったという理由として⑴貧弱な国内市場よりも、軍事的国家権力を背景として、海外市場の強奪を積極的に進めたこと、⑵軽工業段階にあって、耐久消費財の生産に見るべきものが少なかったこと、⑶流通過程を商業資本にほとんど把握されており、強度に自主的な商業資本に市場開発問題の解決を委ねるほうがより効果的であったことの３点におおむね要約できる。これらへの詳しい検討は、後述の事例をとうしての検討に委ねたいが、ここでは、これらの主要な理由に対して簡単な疑問を提示することにする。

まず、貧弱な国内市場よりも、軍事的国家権力を背景として海外の市場の強奪を積極的に進めたという点についてである。たしかに、ここで問題としている時代区分は、現在と比べれば貧弱な国内市場であったし、国策として海外市場の強奪に積極的であり、また海外市場を意識した合同や合併（例えばビール産業）などもおこなわれたのは事実である。しかし、日本企業が海外市場に力を入れるには、国内市場でのある程度の地位の確保が必要であった。つまり、国内市場が貧弱であったからといって、その市場を支配しようとする諸技法をまったく行わなかったとは考えにくい。逆に、貧弱なるが故に、需要創造を喚起する諸技法が行われたのではないかと考えるのである。そして、国内市場をめぐる競争が、ほとんど行われなかったのであろうかと疑問に思うのである。

次に、軽工業部門が中心で耐久消費財の生産に見るべきものがなかったという点であるが、マーケティング活動が耐久消費財に限定されて行われてきたとしていいものかどうか疑問に思うのである。チャンドラー（A.D.Chandler）は、マーケティングの生成期に２つの異なった展開を検出している。第１のタイプは、生鮮食肉、タバコ、高級小麦粉、バナナ、農業用収穫期、ミシン、タイプライター、レジスター、カメラ、写真フィルムなど従来にない新製品として登場しており、既存の中間業者を媒介としての伝統的流通機構をもってしては販売が容易ではなかったものであり、第２のタイプは、砂糖、塩、皮、ウィスキー、ぶどう糖、でん粉、ビスケット、灯油、肥料、ゴムなどであり、過剰生産や競争激化の中で企業集中が進んだのちにマーケティングが展開されていくものである[4)]。ここで注目したいのは、チャンドラーが示した事例の中には耐久消費財も見受けられるが、それと共に、生鮮食肉、高級小麦粉、砂糖、ビスケットなどの大衆消費財もかなり見受けられることである。つまり、マーケティングは、大衆消費財分野でも行われていたのであり、耐久消費財だけに限定する必要はないと考える。

最後に、流通過程を商業資本にほとんど把握されており、強度に自主的な商業資本に市場開発問題の解決を委ねるほうがより効果的であったという点については、後述の事例で検討していきたい。

２．戦前日本におけるマーケティングについての主な研究

さて、マーケティングは、1956年頃以降、本格的に日本に導入されたというのが通説となっていることはすでに述べたが、戦前日本におけるマーケティングの検出を試みた研究も多少存在する。本節では、これらの研究を、いくつか取り上げ、若干の検討を加えることにする。

久保村隆祐氏は、「マーケティングは、市場問題に対処するための寡占的製造業者の活動様式の１つである」[5)]という観点から、わが国におけるマーケティングの発展の歴史を考察し、「30年代にはいると、新聞の広告面は全紙面の31～63％を占めるようになり、……大手広告商品には講談社・改造社その他による出版、丸見屋・中山太陽堂その他の化粧品・洗剤、森下仁丹・武田その他の売薬、寿屋・味の素その他の飲食料品などがあり、出版は別として、これらの商品のマー

ケティングについては、販売経路の拡充による販売戦略と広告戦略を有機的に統合して、販売促進に相乗効果をもたらそうという意図が盛り込まれていた」[6] ことを紹介している。

ここに戦前日本におけるマーケティングの萌芽をみることができると考えられるが、マーケティング活動の中心的手段である製品政策・価格政策についての検討が見受けられない点、および社訓や経営理念などに関わるマーケティング理念についての言及がなされていない点が残念である。これは、当時の製品政策・価格政策は、マーケティングという観点からは大きなウェイトを占めていなかったということであろうか。また、消費者志向、または消費者中心志向などのマーケティング理念は、当時の企業経営のなかには、ほとんど見受けられなかったのであろうか。これらの点に関して、久保村氏の考えが不明瞭であるといわねばならないであろう。

森真澄氏は、マーケティングが、わが国において本格的に展開するのは、第2次世界大戦後の1950年代に入ってからであるとしているが、「自由競争の産業社会で企業がものを生産し、これをより広く市場に売り捌くことに成功しようとするかぎり、マーケティングは必須のものであった」[7] と主張している。そして、花王石鹸・ライオン歯磨、マツダランプ、資生堂などの大衆消費財部門の企業を事例に取り上げて、日本におけるマーケティングの発達についてみている[8]。

花王石鹸とライオン歯磨きは、全国市場を相手とする大量の広告によって多くの消費者を獲得するとともに、特約店・取次店網を全国に拡げていった様子が報告されている[9]。また、マツダランプでは、わが国最初のPR雑誌『マツダ新報』を発刊するなどの電球普及運動を展開したことのほか、一年間を単位とする「延取引契約」を採用して、定価の大幅割引を実行して、販売を長期間定期的に継続したこと、販売機構の全国的な整備も1914年以降推進されたこと、が紹介されている[10)]。そして、資生堂では、1923年から採用したボランタリー・チェーン・ストア方式による販売機構の整備をおこない、定価販売を押し進めたこと、1920年代中頃、品質本位主義・徳義尊重主義・小売（消費者）主義・堅実主義・共存共栄主義といった、資生堂の経営方針が形成されたこと、新聞広告や『資生堂月報』(1937年『花椿』と改称）の配布を通して消費者に資生堂化粧品を訴求したこと、そして、低価格帯商品、高価格帯商品を取り揃えることによって市場細分化政策を展開したことが報告されている[11)]。

森真澄氏の研究は、上述の企業を中心に詳細な紹介がなされているのであるが、やはり、ここでも販売網の構築拡充と広告活動についての記述が中心であるようだ。しかし、資生堂の事例に見受けられるように、小売（消費者）主義といったような消費者志向あるいは消費者中心志向といったようなマーケティング理念や違う価格帯の設定による市場細分化のさきがけなどが紹介されているところは留意すべき点である。なぜなら、これらは、現代のマーケティングにも相通じるものを包含しているからである。

前田和利氏は、基本的に「『体系化されたマーケティング』は、……日本において第二次大戦後米国から導入されるかたちで展開した」[12)]との認識を示している。しかし、アメリカのマーケティング史を研究したポーターとリイブゼイの研究を取り上げ、「マーケティングを規定する重要な決定因子として生産物と市場の性質をあげる。……そしてこの生産物と市場の性質の変化によって、⑴商人より安価に卸売りする製造業者の能力と、⑵マーチャンダイジングにおける独立中間商人の不適切性という二つの条件がもたらされた場合にマーケティング構造が変化する」[13)]という考察を受け入れている。そして「マーケティングが成立・発展する要件である生産物と市場の性質の変化は、……わが国においてすでに第二次大戦前に始まっていた。……したがってわれわれは、日本的ではあるにしても、マーケティングの発生を第二次大戦前に見出だす」[14] と主張している。

消費水準が向上し、消費パターンが変化すると、「少数の新興消費財産業においてマーケティング活動を展開した企業が出現した。主な代表的企業を列挙すれば、ビール・洋酒の麒麟や寿屋（現・サントリー)、洋菓子の森永製菓と明治製菓、化学調味料の味の素、化粧品の資生堂、電器の松下電器、電球の東京電気（のち東京芝浦電気)、ミシンの蛇の目ミシンなどが」[15] あげられている。しかし、これらのようなマーケティング志向の企業が出現したのであるが、「戦前においてみられたマーケティング技術としては、せいぜい市場調査、広告、販売経路政策といった範囲に止まっ」[16] ていたのである。

前田氏は、マーケティングを規定する重要な決定要因として、生産物と市場の性質の変化に着目し、マーケティングが生成・発展する生産物と市場の性質の変化は戦前日本にすでに始まっていたと主張した。しかしながら、広告活動の多用と販売経路拡大が、当時のマーケティングの中心的活動であったと、結論づけている点に注目すべきであろう。なぜなら、前田氏は、マーケティングの部分的導入を示唆しているからである。

森川英正氏によると、「日本に新しい洋風消費財工業をつくり出した産業開拓者たちは、……とくに消費者の好みの把握、商品イメージの向上、消費者に対するアクセスといった諸問題の解決のために、膨大なエネルギーの支出を覚悟しなければ」[17] ならなかった。そして、この問題の解決のため「自分の経営資源を投じて直接的マーケティング活動に乗り出した」[18] 企業もあらわれてくる。その代表的な事例として、森永製菓、ライオン歯磨、カルピス、サントリー、カゴメ、味の素の事例をあげて検討しているのであるが、最後に、森川氏自身でそれぞれの諸問題の解決策を一括要約しているので、それを以下に引用しておく。「森永…広告、問屋網との提携・系列化。ライオン歯磨…広告、宣伝、足による販売促進、問屋との提携。カゴメ…問屋網との提携。カルピス…広告と問屋網との提携。サントリー…広告と問屋網との提携。味の素…広告、足による販売促進、問屋網との提携」[19]以上。

森川氏の研究は事例研究を通して、それぞれの企業のマーケティング活動を抽出しているところに特徴がある。また、広告と販売経路拡張が中心的活動であったという結果にも注目する必要があると思う。

鳥羽欽一郎氏は、「明治時代からの戦前の日本、……日本にマーケティングが存在しなかったということではない。たとえマーケティングという呼称で呼ばれてはいなかったにせよ、今日のマーケティングの概念に包摂される販売管理、さらに在庫管理から物流、市場調査、宣伝・広告技術などが存在していたことはもちろんである」[20]と主張し、日本在来のマーケティングの発展段階を以下の３つの段階に区分している。

第１の段階は、セールス・マネジメントである。「これは販売マネジャーの実務技術であり、マーケティングの中の最終段階、すなわち、販売を如何に巧みにまた効率的に行うかという技術である。そしてこの技術ならば、……戦前昭和期の大都市の小売商の間ではかなり広汎に普及していた」[21]というのである。

第２の段階は、マーケティング・マネジメントである。これは、「日本で『マーケティング管理』と呼ばれているものであるが、これは〔一〕の直接販売だけでなく、それよりも一つ上のレベル、すなわち、物流や在庫管理、さらには宣伝・広告技術などまでを含むもので、今日のマーケティング・マネジャーの実践技術を指す。……この技術もまた、……戦前の小売販売業者、さらには問屋にいたるまで、日本では著しく発展していた。また、とくに昭和初期の戦前期においても、一部ではあれ、製造業者の間にも普及していた」[22]と主張している。

第3の段階は、マネジリアル・マーケティングである。「これは企業全体の立場からする市場競争の理論であり、主として経営トップの管理技術である。この、企業の戦略的意思決定の中枢にマーケティングを位置づけようとする考え方は明らかに戦後アメリカから導入されたものであり、……主として製造にかかわるものとして把えられる」[23]と主張する。つまり、この段階は、戦後になってから日本に導入されたというのである。

また、鳥羽氏は、「日本のマーケティングの基本的な特徴は、その当初から国際マーケティングと国内マーケティングとが画然と区別されて出発したということ」[24]であると述べている。国際マーケティングを主体的に担ったのは商社であった。商社は、「国内の第一次産品生産者、第二次製品製造業者・加工業者のオルガナイザーであるとともに、その海外マーケティング機能担当者としての役割を果した」[25]のである。国内市場においては、百貨店のような小売サイドからのマーケティングは一部に見受けられたが、「本来ならばマーケティングが重視されるべき国内市場を対象とする伝統的国内産業の場合においても、商社を含めた問屋がその機能を代替する場合が多かったため、……製造業者の側からする積極的なマーケティングの展開は殆どみられなかった」[26]ようだ。しかし、「こうした一般的状況の中にあって、主としてアメリカから近代的マーケティング技術を導入し、積極的に近代的マーケティングを推進していったものがある。それは主として、日本では伝統産業に属しない新製品の製造業者たち」[27] であった。そして新製品の業者の例として、「生活の洋風化に伴って新しい市場を開拓していった化粧品、キャンデー・洋菓子、洋酒、医薬品といった一般消費財、さらには家庭用電気製品、ミシン、そして自転車から自動車といった耐久消費財の製造業者たちがそれであり、こうした製造業者はその市場開拓を旧来の問屋に依存することが困難であったため、主としてアメリカの近代的マーケティング手法を積極的に導入する」[28] ようになったのである。

鳥羽氏の研究では、日本のマーケティングの発展段階を、セールス・マネジメント、マーケティング・マネジメント、マネジリアル・マーケティングの３つの段階として捉え、戦前日本でも、第２段階であるマーケティング・マネジメント段階のマーケティング手法は、かなり普及していたと主張している点に注目する必要がある。また、第３段階であるマネジリアル・マーケティング段階におけるマーケティング手法も、戦前、一部の新製品の製造業者に普及していたという点も興味深い。そして、日本のマーケティングの発展を国際マーケティングと国内マーケティングとにわけて、これらの発展過程の違いを検討している点も留意しなければならない。これは、鳥羽氏の研究の大きな特徴の一つである。しかし、鳥羽氏の研究においても、マーケティング理念への考察が十分に成されていない点は指摘しておかなければならない。

また、小原博氏は「日本におけるマーケティングが第２次世界大戦以前にすでにその初期的な活動の形をとって生成されていた」[29] と述べ「それらが全体的傾向として、かつ体系だったものとして発展を見たとは残念ながらいえない。とはいえ、ビッグビジネスたりえるものとしてのマーケティングという性格を付与することができる」[30]

と主張している。つまり、戦前日本で、すでにマーケティングが初期的な活動とはいえ、生成していたと主張している。

柳偉達氏は、繊維産業、特に「在華紡」を例にとって綿密に分析したあと、戦前日本において、萌芽的マーケティング及び萌芽的国際マーケティングが展開されていたと主張している[31]。ただ、柳氏の言われるところの萌芽的マーケティングは「一部の大企業が体系的でなく、『部分的かつバラバラ』」[31]に展開されていたというのだが、そもそも「体系的でなく部分的かつバラバラ」に展開されたものをマーケティングと呼んで良いものであろうか疑問に思う。しかし、小原氏及び柳氏は初期的であれ萌芽的であれ、戦前日本で展開されていた対市場政策の中にマーケティング的性格をもった活動を見出し、その重要性を主張していることは貴重な意見である。

以上、戦前日本のマーケティングについてのいくつかの研究を見てきた。これらの研究は、久保村隆祐氏による広告と販売促進の有機的な統合への注目、森真澄氏、前田和利氏、森川英正氏による事例研究に基づいたマーケティング技法の抽出、鳥羽欽一郎氏による日本のマーケティングの３段階発展と国際マーケティングと国内マーケティングとに分けて発展過程を検討している点など、それぞれ特徴があり興味深く意義のある貴重な先行研究であることは間違いない。

しかし、これらの研究に共通する部分で問題がないわけでもない。まず第１に、これらの研究に共通していえることは、マーケティング技法のみに注目し、マーケティング思想への検討が欠落しているか、あるいは極めて不十分であるという点である。これは、マーケティングは思想と技法の統一物という立場からは、看過できない。

第２に、柳氏を除いては、これらの研究で取り上げられているマーケティング技法の事例は、新製品であって、伝統的流通機構をもってしては販売が容易でなく、故に自らマーケティングを行っていったケースがほとんどである。つまり、これらの事例は、先述のチャンドラーの研究によると第1のタイプである。そして、第2のタイプ（つまり、企業集中を通じてビッグ・ビジネスが登場し、マーケティングを自ら行っていったタイプ）については、言及されていなかったり、一般的に、戦前日本には存在していなかったように扱われたりしている。しかし、筆者は、マーケティングの生成と独占資本の形成とは密接な関係があると考えている。そして、戦前日本においいても、独占資本はすでに形成されており、もう少し深く検討して見る必要があるのではないかと考える。

第3に、第2と関連していると思われるが、小原氏、柳氏を除いては、これらの研究では、広告・人的販売、販売経路の構築・維持・拡充についての検討は、かなりなされているのであるが、製品政策や価格政策についての検討は十分とは言い難い。これは、戦前日本におけるマーケティングは広告や販売経路政策に重点を置いていたという特徴があったということであろうか。たしかに、広告や販売経路政策に力を注いでいたのは事実であろうが、製品政策や価格政策についてほとんど検討がなされないほど貧弱であったとは思えないのである。次章以下では、ここにあげた問題点を念頭に置きながらいくつかの産業について事例を検討していく。

注

1）荒川祐吉『現代配給理論』千倉書房、1960年、38～39ページ。
2）森下二次也『マーケティング論の体系と方法』千倉書房、1993年、23～25ページ。
3）白髭武『日本マーケティング発達史』文化社、1967年、9～10ページ。
4）A. D. Chandler, “The Beginning of “Big Business” in America

Industry," *Business History Review*, Spring 1959, pp.1-31.
5）久保村隆祐「日本のマーケティング発達史」村田昭治編『現代マーケティング論』有斐閣、1973年、５ページ。
6）同上書。
7）森真澄「「マーケティング」の先駆的形成」小林・下川・杉下・栂井・三島・森川・安岡編『日本経営史を学ぶ２』有斐閣、1976年、266ページ。
8）同上書、266～267ページ参照。
9）同上書、269～273ページ参照。
10）同上書、274～276ページ参照。
11）同上書、277～280ページ参照。
12）前田和利「マーケティング」中川敬一郎編『日本的経営』日本経済新聞社、1977年、160ページ。
13）同上書、161ページ。
14）同上書、161～162ページ。
15）同上書、163～164ページ。
16）同上書、164ページ。
17）森川英正『日本型経営の展開――産業開拓者に学ぶ――』東洋経済新報社、1980年、137ページ。
18）同上書、137ページ。
19）同上書、173～174ページ。
20）鳥羽欽一郎「日本のマーケティング――その伝統性と近代性についての一考察――」『経営史学』第17巻第１号、1982年、３ページ。
21）同上論文、３～４ページ。
22）同上論文、４ページ。
23）同上論文、４ページ。
24）同上論文、５～６ページ。
25）同上論文、７ページ。
26）同上論文、８ページ。
27）同上論文、８ページ。
28）同上論文、９ページ。
29）小原博『日本マーケティング史――現代流通の史的構図――』中央経済社、1994年57ページ。
30）同上書、197ページ。
31）柳偉達「戦前期日本の萌芽的国際マーケティング」⑴、⑵関西大学大学院『千里山商学』第54号、2001年、及び第55号、2002年、「戦前期日本紡績業の萌芽的マーケティング」『関西大学商学論集』第47巻第６号、

2003年、「日本マーケティング史における萌芽的段階」日本流通学会『流通』No.16、2003年参照。

31）柳偉達、前掲「日本マーケティング史における萌芽的段階」、164ページ。

第３章　戦前日本に進出してきたアメリカ企業の対市場政策

本章では、戦前日本に進出してきたアメリカ企業によって戦前日本国内市場に対して展開した対市場活動とその影響を検討していく。

１．自動車産業

戦前日本市場には、欧米諸国から進出してきた企業もかなりある。まずアメリカの自動車企業であるフォード（Ford）とゼネラルモータース（GM）は、関東大震災を契機として、日本への輸出を大幅に増やした[1)]。そして、「わが国の自動車の輸入は、大正３年の94台から昭和３年には実に7,883台へ、……それればかりではなく輸入車はこれまでの少数のヨーロッパの高級車から安価なアメリカ車に移行し、大正10年にはこれまでのヨーロッパ車の輸入額七六万円に対しアメリカ車は実にその10倍以上の1,062万円に達した」[2)]のである。そして、「このアメリカ車の大量輸入は、フォード、GMの対日投資を刺激し、大正３年にはフォードが横浜に、大正６年にはGMが大阪に近代的工場を建設させたのである。……昭和４年現在でGMは、乗用車8,791台、トラックシャーシー8,845台、計１万7,636台、フォード社は、乗用車5,006台、トラックシャーシー5,445台、計１万0,451台を生産した。その他輸入部品の組立による完成車を加えれば、両社の組立車は２万9,338台に達した」[3)]のである。ちなみに『マクミラン世界歴史統計（Ⅱ）日本・アジア・アフリカ編』[4)]によると、日本の自動車の生産台数は、1929年（昭和４年）で約400台、1930年（昭和５年）で約500台となり、両社の30分の１ほどしか生産していなかった。これをみても、当時の日本自動車市場は、フォードとGMによって支配されていたことが窺える。両社による日本市場の独占状態は、旧陸軍主導による、陸軍の要求するトラックをつくる日本人の自動車メーカーを育成することを目的とした自動車製造事業法（昭和11年５月）の成立まで続くことになる[5]。自動車製造事業法の成立以後、在日のフォードとGMは輸入関税率の引き上げや円為替相場の低落による輸入価格の急騰などの影響も受けて、没落して行き、1939年（昭和14年）以降生産を停止することになった[6]。

なお、この法律で「許可会社となった豊田自動織機、日産自動車の両社、ややおくれて15年許可会社となったヂーゼル自動車が発展することになった」[7]のである。

さて、戦前日本自動車産業ではフォードとGMによってある程度の大量生産体制ができあがっていたのであるが、フォードは1927年にモデルＴの後継自動車としてモデルＡを開発・生産したが、このモデルＡは、モデルＴに比べると車高が低く、価格も安価クラスに設定されていた[8]。

フォードは、日本においても、1929年に前の横浜工場よりも大きな組立工場を横浜近くの小安に建てて操業を始めた。そこでは、安価なモデルＡを生産していたのである[9]。

GMは、大阪に組み立て工場をもっていたが、そこで主に組み立てられていたのは、小型車を中心ラインとしてシボレー社の自動車であった[10]。このことから、GMは土地の狭い日本市場に合わせた製品政策を行っていたのであろう。また、外国での広告活動について「正当性という観念は（各国によって――引用者）大きく変化する。そして、ことば、それは（アメリカ――引用者）国内販売にはおいてはぴったりと合うものであるかもしれない。翻訳されたとき、通俗なだけでなく、実際には不快なものとして見なされるかもしれないのである」[11]として、広告を行うときにはその国の文化や習慣を熟考した後に行うことを提唱している。

戦前日本におけるフォードとGMの存在期間は短い間であったが、その後を受けたトヨタ、日産、ヂーゼル自動車に日本市場にあった小型車の生産などに影響を与えたのであろう。

２．ミシン産業

次に、ミシン産業を取り上げ、シンガー社を議論の中心に展開してゆく。アメリカでのシンガー社のマーケティング活動については小原博氏の『マーケティング生成史論［増補版］』[12]に詳しいので、ここで簡単に紹介しておきたい。

「シンガー社のチャネル活動は、具体的には、販売権委譲を伴う販売代理店方式、フランチャイズ制による特約代理店方式、自社直販制による直営支店方式の３つにパターン化される。既に1850年代に第３の直営支店方式こそが最善の方策と経営陣はみていたが、……緩慢ではあったが、独自のチャネル構築・維持のために努力を重ね、1870年代末葉には他企業との競争にうち勝つべく最善の販売網確立へと」[13]邁進したのである。つまり、シンガー社は自社が強力な主導権を発揮できる最善の販売網を確立したのである。これが当時のシンガー社の販売経路面での特徴である。

1920年代頃のシンガー社の特徴は、「需要創造活動の発現形態は、１つは、製品の新陳代謝の激しいアメリカ・ミシン産業のなかで、当初からシンガー社は、銘柄・商標の付与にもとづく製品差別化政策」[14]をとっていたこと。「２つめは、価格の面にみられる。19世紀後半に一部で注目されだしていた割賦販売方式を、シンガー社は当初高嶺の花であったミシンに積極的にとり入れ、高価格のギャップをはねかえす政策をとった」[15]ことである。これらが製品・価格の面での特徴である。

販売促進活動では、シンガー社は、「従来にない新製品・ミシンを新しい販売技術を身につけたセールスマンを養成、管理して、自ら新しい市場販路の開拓のために重用するのである。シンガー社のセールスマンは、……独自の販売組織を実際に動かす手足になるという重要な役割を担った」[16]のである。また、広告活動では「セールスマン活動に依然として重点をおき、あるいはその支援活動を重視していたことが特徴的」[17]である。つまり、広告の意義を認めないわけではないが、広告活動はセールスマンへの支援活動としての位置付がなされていたのである。また、シンガー社はセールス・ショウルームを設けたり、ミシンのデモンストレーション、講習などの狭義の販売促進にも力を注いだのである[18]。

以上、小原博氏の研究によるシンガー社の戦前アメリカ市場におけるマーケティングの特徴を簡単に紹介してきた。販売権委譲を伴う販売代理店方式、フランチャイズ制による特約代理店方式、自社直販制による直営支店方式という３パターンの販売経路政策を併用したり、いちはやく割賦販売方式を採り入れたり、セールスマンによる販売を重視していたり、デモンストレーションや講習などの狭義の販売促進を行っていたのが、シンガー社のマーケティングにおける特徴的な点であった。

さて、次にシンガー社は戦前日本市場で、どのような対市場政策を展開していたのかということが問題となる。シンガー社はアメリカで行っていた対市場活動と基本的には同じような活動を戦前日本市場でも行っていたようである。

シンガー社が日本に新しい市場を求め進出してきて、横浜に本拠をかまえたのは、1900年（明治33年）か1901年のことである[19)]。それ以後、「シンガーの名称は、あたかもミシンの代名詞として通用するようになり、……多年にわたって国内需要の大部分を掌握したのである。その半面では、シンガーミシンの普及が、国内における部品の製造技術を急速に育くみ、やがてミシン国産化の悲願達成につながる技術温床をつくり上げるという、皮肉な現象をみる結果になった」[20)]。ここに、シンガー社の戦前日本ミシン産業にあたえた影響力の大きさが見受けられるのである。

日本に進出したシンガー社は、「各主要都市における販売店設置とともに、緻密な市場調査を行なわしめた。直営支店は翌（明治――引用者）35年の東京（銀座三丁目）を皮切りに、大阪（心斎橋通)、京都、名古屋などにも設置し」[21)]ていった。その後、大正時代にはいって、シンガー社の直営店網は一段と拡大してゆき、「昭和４、５年頃の国内のミシン事情をみると、全盛期の絶頂にあったシンガーは、当時国内に約900店の直営販売店（分店）をもち、年間４万台ないし４万5,000台のミシンを売り上げていた。関東のみでも70店余の販売店で、年間１万台の販売実績をあげていたといわれる」[22)]のである。つまり、先にも見てきたように、シンガー社は、アメリカ市場で構築・維持していた強い主導権が発揮できる、強力な直営販売店網を戦前日本市場においてもすでに構築・維持していたといえる。

日本に進出当時のシンガー社は、まず洋服仕立職人を、その標的顧客とし、彼らを引きこむ方法として、「彼らが使い古したドイツミシンを前金代わりに引きとり、シンガーの新品を購入させる“下取り販売”を強引に押し進め」[23)]ていった。そして、「シンガー製品の部分品を大量にとりよせ、アフターサービスの万全を期した」[24)]のである。

この結果、「日本進出三年目でシンガーは一躍優位を占めるにいたった」[25] のである。こうして、着々と洋服仕立職人などを顧客化し、優位に立っていったといえる。

その後、シンガー社は、あらたに、「それまでミシンとは無縁であった一般家庭の婦人層を対象に、その厖大な潜在需要に働きかける」[26] 試みを展開した。それらは、「"洋裁学校の設立" であり、一つは "ミシン月賦販売" の開始で」[27] あった。そして、「"月賦販売" と "裁縫女学院" の開設は有機的に結びついた二本の柱として、シンガーの販路開拓を助け」[28] てゆくことになる。また、シンガーミシン購買者には裁縫女学院の講師が、月１、２回無料で機械の用法を出張教授するようなサービスも実施していたようである[29]。こうして、シンガー社は、「日本の上流家庭から洋服屋にいたるまで、その大半を顧客化してしまった」[30] のである。また、強力な直営販売店網を通じて、「各地の企業、施設をはじめ学校、家庭にまでたちいって綿密な市場調査や信用調査を行なっていた」[31] のである。そして、第一次世界大戦や、関東大震災を通して洋服需要が増大することとなり、昭和４、５年頃にはその標的市場を「中流以上の階層を対象」[32] にするまでに拡大していく。シンガー社の日本市場での独占支配は第二次世界大戦前まで続くことになる。

以上、シンガー社の戦前日本市場における対市場活動を、いくつかの事例に則して概観してきた。簡単にまとめると、シンガー社は日本に進出すると、強力な直営販売店網を構築・維持し、そこを通して綿密な市場調査や信用調査を実施するとともに、強引ともいえる、セールスマンによる訪問販売を押し進めたのである。またセールスマンをサポートするような形で、裁縫女学院の開設や無料講習などを提供した。特筆すべきことは、当時としては画期的な月賦販売という価格政策であろう。この月賦販売という、一見「低価格」に見える価格政策により、広く一般家庭までミシンが広まったのはまず間違いないことであろう。そして、これらの活動がばらばらに行われていたのではなく、それぞれ有機的に結びつき、販路開拓、需要創造を助けたのである。

戦前日本のミシン市場は、ほぼシンガー社の独壇場であったのであるが、1931、32年頃（昭和6、7年）にはパインミシン（後の蛇の目ミシン）やブラザーミシンなどの国産ミシン会社が見受けられるようになり、漸次、家庭用ミシンの販売を開始した。先述の小原氏は、国産ミシン会社はシンガー社に対抗するために、月掛け予約販売方式を考案していたこと、また、日本企業のマーケティングの特徴を指して「日本企業はシンガー社のおこなった方策よりも、より下のレベルの大衆（市場細分化政策的に下位セグメント）を標的にしていたこと、また、これ以外には、シンガー社のセールスルームの設置に対して、日本企業のそれは街頭宣伝や街頭展示など、より働きかけが積極的であったことがあげられる」[33]と報告している。以下では、より深く立ち入って国産ミシン会社に検討を加える。

パインミシンは創業当初、国内に直営店舗を一つももたず、2、3のミシン販売会社や百貨店においてもらっていたようである。シンガー社のミシンより安い現金定価を設定していたが、実質的な販売にほど遠い状況であった。しかし、パインミシンの設立者である小瀬は、「一日もはやく販売を軌道にのせなければならなかったのである。それには、シンガーの直営販売制度—“直販”によるセールスマンの戸別訪問販売という手本を下敷きにするのが早道のように思えた」[34]という。しかし、シンガー社の月賦販売は非常に強力であった。「他人まかせの姑息な販売では、とうてい機械に対する品質の保証も、サービスの徹底も期しがたい。あくまで自社で、製造から販売、奉仕までを一貫して行なうところに“ミシン”本来の特質があった。こうした客先の要求を充分満たしながら、ミシンを大量に売りさばくためには、“月賦販売”以外にないことはすでにシンガーが立証済みであった。小瀬が最善の方法として、ミシン販売の“極み手”を《直営組織による月賦販売》に求めたのも当然の成行き」[35]であった。しかし、限られた運転資金では、一朝一夕で真似しうるところではなかったのである。

さて、先述したようにシンガー社の販売政策は、もっぱら中流以上の階層を対象としていたのであるが、パインミシンは、シンガー社が顧みない庶民層に目をつけたのである。「シンガーの顧みないこれら多くの庶民層は、わが国の世帯数の大半を占める最大の購買層ともいえる。……一般大衆が望んでいるミシンを、もっとも買いやすい方法で提供するためには、どのような販売法があるだろうかと思案した。……日本の国情に適した新しい“月賦販売”の方法」[36]を研究する必要があった。そこで考案されたのが「月掛予約・月賦販売」方式である。この「月掛予約・月賦販売」は２つの柱からなっており、その一つは月賦頭金の積立制度であり、いま一つは積立金による満期制度であり、いわばミシンの後渡し販売といえた[37]。パインミシンは、「“積立方式”と“分割方式”を一体化して、『月掛予約・月賦販売』という、いままでに類例のない新しい販売形態を創案」[38]して、庶民層（低所得者層）という新しい購買層を開拓していくのである。これはまさに潜在的需要の耕作であるといえよう。この「月掛予約・月賦販売」という制度の背景には「事業の成功を願うのには、大衆のよき味方にならねばならぬ」[39]という消費者志向が見受けられる。そして、この「月掛予約・月賦販売」方式は生産面において「ミシンの受注台数や納入時期をあらかじめ推測でき、“生産計画”のメドが正確に立つようにな」[40] るという思わざる効用を付加させることになる。この需要の推測がかなり正確にできるということは、1930年代のアメリカで、上述のGMが「あらかじめ利潤を拡大するため、どのぐらい売れるかを予想し、そのために生産するという経営方針を明確にうちだした」[41] ことに共通するものである。

また、パインミシンは、1935年（昭和10年）シンガー社の裁縫女学院を模した「日本洋裁学校」を設立している[42]。これも日本での洋裁の普及を目的としてあげているが、シンガー社が行ったように、アフターサービスとしての側面があったようである。

パインミシンは、1937年（昭和12年）に、当時としては非常に珍しい『Our Salesmanship』というセールスマンに対する指導要領を発行した[43]。その目的は、「手腕、力量、に長けた一人の天才セールスマンの出現よりも、多数の誠実な、平均的セールスマンの生まれることに最も期待をかけていた」[44] のであり、それは、より効率的なセールスマンを育成するためのマニュアルであったのである。これは、科学的販売管理法の一側面であるといって差し仕えないであろう。

また、広告についてであるが、「当時の多くの新聞広告は、たんに商品の名称広告の域にとどまっていたのに反して、……広告全文を記事スタイルとした、いわゆる“読ませる広告”を創造し、これがのちに“説得広告”という新語を生んだほど斬新奇略にみちたもの」[45] であった。これは、告知的広告から説得的広告への移行であり、説得的広告は、需要創造などのマーケティング活動にとって、より有効な手段である。

さて、パインミシンの事例について概観してきたのであるが、最後に、これらの要因がそれぞれ相互に補完しあってはじめて、より有効な対市場活動となりえたのはいうまでもないことである。

次に、ブラザーミシンについて検証していくことにする。ブラザーミシンは、1932年（昭和７年）頃家庭用ミシンの販売を開始する。奇しくも、同じ年の、10月、「労働史上に残る有名なシンガーの大争議が突発」[46] した。結果から先にいえば、「日本側従業員の敗退するところとなり、争議の指導者をはじめ、多くのベテラン社員たちが退職して離散した」[47] のである。この大争議は、戦前日本のミシン業界全体に影響をおよぼすことになるが、ブラザーミシンにとっては、「これらの退職組の主だった人たちが、あえて当社の『ブラザー・ミシン』を選んで、販売面での協力を申し入れてきた」[48] という形で影響をしてくる。これによって、ブラザーミシンはシンガー社のセールス・ノウハウを持ったセールスマンを多数得ることになった。

ブラザーミシンは、1936年（昭和11年)、「全国業者を一丸とした……販売網を確立すること」[49] となった。しかし、ブラザーミシンは、シンガー社と違い、直営店方式をとらず、代理店・特約店方式を採用したのである[50]。この方式は、強力な指導力を発揮することは難しいが、比較的簡単に全国組織を構築できる点に特徴がある。そして、「当社が他社にさきがけて全国的な販売網づくりに乗り出し、いち早く有機的な営業体制を確立したことにより、その後の業績向上にこの上ない福音をもたらした」[51] という効果があった。

さて、ブラザーミシンの経営哲学は、「安井兄弟商会の昔から生産したものを販売するのではなく、『販売し得るものを生産する』ことを主義として」[52] いた。この考えは、生産面での品質の向上という、当時の考え方があるとともに、[Product out] ではなく [Market in] という消費者志向という考え方にも共通する部分がある。つまり、販売し得るものを生産するには、シンガー社が全国販売網を通じて行ったような、市場調査や、信用調査が必要となるのである。しかし、ブラザーミシンが実際に行ったかどうかは、今のところ推察できないが、いち早く、国内販売網を優先的に整備するべく、「万一にも販売を軽視することによって大局を誤ってはならないと、みずから『販売七・製造三』の比率による販売優先の力の配分をとなえて、会社運営の万全をはかるべく自戒した」[53] のである。

さて、当時は、シンガーの月賦販売に対し、ブラザーミシンは「現金主義を堅持」[54] していたが、漸次、月賦販売や月掛予約を導入していったようである。ちなみに、戦後のデータになるが、参考までに、1970年11月期における販売方法別の構成率は、予約販売によるもの23.4％、月賦販売によるもの53.8％、通常取引によるもの22.8％となっている[55]。ここでも、シンガー社の月賦販売の影響があったといっていいであろう。

以上、これまで見てきたように、戦前日本市場においてすでに、外国企業によってマーケティング活動が行われていたのは、まず間違いないところである。とくにミシン産業では、強力な販売網の構築とその維持、強力な人的販売と広告、月賦販売という未来の収入を取り込んだ価格政策を中心に展開されていった。また、まだまだ単純なものではあるが、市場を細分化し、標的市場を設定してみたり、裁縫学校をつくることによって潜在的需要を耕作してみたりしていたのである。これらの活動は、バラバラに行われたのではなく、有機的に結びつき、需要創造を助けていたといえる。これらの外国企業の活動から、後発の日本企業は影響を受け、そこから多くを学び、日本市場によりあった形に変化させながら、自らのマーケティング活動を展開していったといえるのではないだろうか。

先述した戦前日本にマーケティングがなかったとする主な理由とし

て３点があげられているが、これらとの関係でいえば、ここで取り上げた企業は、国内の市場の購買力が貧弱なるが故に、月掛予約・月賦販売などの販売方法をもって、需要創造を惹起したり、専門知識を必要とするため、伝統的流通機構では、販売が容易ではなかったことなどが影響して、独自の流通経路を構築していたのである。ここに、従来の通説と相反して、戦前日本において、マーケティング活動が行われていたことが確認できたと考える。

注

1）天谷章吾『日本自動車工業の史的展開』亜紀書店、1982年、35ページ参照。
2）同上書、35～38ページ。
3）同上書、38ページ。
4）B.R.ミッチェル『マクミラン世界歴史統計（Ⅱ）日本・アジア・アフリカ篇』原書房、1984年、349ページ。
5）天谷章吾、前掲書、45～46ページ参照。
6）同上書、47～48ページ参照。
7）同上書、48ページ。
8）A. Nevins and F. E. Hill, *Ford : Expansion and Challenge, 1915-1933,* Arno Press, 1976, pp.449-457.
9）*Ibid.*, p.566.
10）天谷伸吾、前掲書、41ページ参照。
11）J. D. Mooney, “Selling the Automobile Oversea : How General Motors' Export Business is Handled,” *Management and Administration*, July 1924, p.31.
12）小原博『マーケティング生成史論［増補版］』税務経理協会、1991年。
13）同上書、109ページ。
14）同上書、152ページ。
15）同上書、152ページ。
16）同上書、189ページ。
17）同上書、189ページ。
18）同上書、189～190ページ。
19）ブラザー工業株式会社社史編集委員会編『ブラザーの歩み』ダイヤモン

ド社、1971年、7ページ。蛇の目ミシン社史編集委員会編『蛇の目ミシン創業五十年史』蛇の目ミシン工業株式会社、1971年、139ページ。『ブラザーの歩み』のなかでは1900年を、『蛇の目ミシン創業五十年史』のなかでは1901年を、それぞれシンガー社の日本市場進出の年としている。
20）ブラザー工業株式会社社史編集委員会編、前掲書、7ページ。
21）蛇の目ミシン社史編集委員会編、前掲書、139～140ページ。
22）同上書、190ページ。
23）同上書、140ページ。
24）同上書、140ページ。
25）同上書、141ページ。
26）同上書、142ページ。
27）同上書、141ページ。
28）同上書、143ページ。
29）同上書、143ページ参照。
30）同上書、144ページ。
31）同上書、168ページ。
32）同上書、196ページ。
33）小原博、前掲書、261ページ。
34）蛇の目ミシン社史編集委員会編、前掲書、194ページ。
35）同上書、195ページ。
36）同上書、196～197ページ。
37）同上書、197～198ページ参照。
38）同上書、198ページ。
39）同上書、200ページ。
40）同上書、222ページ。
41）天野章吾、前掲書、11ページ。
42）蛇の目ミシン社史編集委員会、前掲書、218ページ参照。
43）同上書、246ページ。
44）同上書、247ページ。
45）同上書、251ページ。
46）ブラザー工業株式会社社史編集委員会編、前掲書、49ページ。
47）同上書、50ページ。
48）同上書、50ページ。
49）同上書、64ページ。
50）同上書、65ページ参照。
51）同上書、66ページ。

52）同上書、67ページ。
53）同上書、67ページ。
54）同上書、66ページ。
55）同上書、81ページ参照。

第４章　戦前日本の製粉産業における対市場政策

本章以降では、日本企業による対市場活動を検証していく。なお、独占資本の形成は、マーケティングの生成の重要な要素であると考えるため、当時すでに強力な独占市場を形成していた、製粉産業を本章で取り上げ、繊維産業[1)]を次章（第５章）で取り上げて検討していくことにする。一般的に、製粉産業や、繊維産業といった「輸出ないし国家需要を第一とした財閥系企業、政府系企業の場合には、そのマーケティング機能を商社に全面的に依存すればよかったため、どうしても技術優先の経営になりがちであり、マーケティングは第二義的に位置づけられる」[2)]と考えられてきた。しかし、あえてこれらの産業を取り上げることにより、日本企業が独自に展開したマーケティングについて検討が加えられるのではないかと考える。なお、輸出活動に関しては商社への検討を含むべきであるのだが、これは別の機会に検討したい。そこで、本章では製造業を中心に考察していくことにする。

１．日本製粉

日本製粉株式会社は1896（明治29）年９月に、資本金30万円で設立された。社長は第40銀行頭取でもあった南条新六郎、専務は境豊吉で、支配人に精米・醸造業に経験をもつ高木幸次郎を採用し、そのほか発起人や取締役に食品界に関係する企業から有力者が参加した[3)]。日本製粉は、石臼でパン用粉の製造を試みたがさほどうまく行かず、当時休止状態にあった東京製粉の施設を継承し東京深川の小名木川にアメリカ製の機械・汽機を導入して製粉工場を建設し、翌年9月に操業を開始した[4)]。このアメリカ製のローレス式機械は日産200バーレル（1バーレルは1日4袋の製粉能力）を有しいていた[5)]。

日本製粉はパン用粉でなく伝統的な農村の水車による麺用粉（うどん粉）の市場に向けて、関東産の原料小麦を用いて小麦粉（メリケン粉）を挽き、販売することとした。小麦粉の取引は江戸時代以来穀物商の商号と信用によるものであったが、日本製粉ははじめからメーカー名（日本製粉）によるブランドで発売した。そして、その製品を「松」、「竹」、「梅」と3種類に分けて、それぞれのマーク付き袋詰めとし、「松」一袋2円40銭「竹」2円25銭「梅」2円10銭という価格を設定した[6)]。

日本製粉では設立当初から特約店制が採用され、最初の指定特約店は「立川健三（神田・鍋町)、鈴木米蔵（日本橋・木材木町）岡野重吉（日本橋・通3丁目)、および川口惣蔵の4軒であった。いずれも東京で有力な粉問屋」[7)]であった。その他の小麦粉の卸・小売商にも適宜販売を依頼していったのだが、特約店には「日本製粉製造小麦粉販売店」と記した大看板を寄贈し、掲示させた。特約店との契約は「商品ハ都テ現金取引キトナシ1ヶ月荷受高五百袋以上三千袋未満ハ代金ノ千分之十五三千袋以上ハ千分之二十之割引キヲナシ其の六ヶ月通計五万袋以上ノ荷受人ニハ壱千弐百円四万袋以上ハ八百円三万袋以上ハ五百円二万袋以上ハ三百円壱万袋以上ハ壱百円ノ再割引」[8)]といったもので、数量割引とリベートが決められていた。四宮俊之氏は日清製粉の設立当時に作り上げられた上述の政策の実施について「①会社ブランドによる取引、②製品の定価による等級制、③特約店(エージェント）による販売、の全面採用は新機軸であった。これらは、他の業界ではしばしば試みられたが、伝統的な諸慣習が広く制度化されていた食品分野で徹底したところに、製造・技術と同様、ないしそれ以上の革新性を認めることができる」[9)] と評価している。

日本製粉の製品政策の特徴としては、細かい用途別の需要に対応して製品の多様化があげられるであろう。1913から14年（大正２から３年）頃にかけて、「新製品は、新規需要開拓のため製造・発売していたもので、その一つはナポレオン、ジャック、クインなどの商標で、もっぱら外麦を使用した製菓・製パン向けの高級小麦粉であり、その二は機械挽きのそば粉の製造であった」[10)] のである。そして、「外麦を混入して品質を差別化するような商品政策」[11)] が1935年（昭和10年）頃まで続くこととなった。1936年（昭和11年）下半期では、菓子類の消費が伸びたことにより、「内地出荷分のみについての数値は、強力粉10.6％、薄力粉22.0％、普通粉67.4％となり、薄力粉の増大がめだっている」[12)] のである。

表１は、1931年（昭和６年）頃の品種別マークの一覧である。ここからも、日本製粉は用途別需要にきめ細かく対応した製品の多様化政策を行っていた一端がうかがえる。

また、日本製粉は事業目的に「其他穀粉」という項目を新たに付け加え、大正２年、そば粉の製造を本格的に開始した。そば粉の販売では、「長年にわたってつくられた流通機構の前で、販売面の隘路にぶつかってしまった。……この隘路打開のため、製品の値下げ、ソバ・うどん商組合との販売契約、実需家への資金供与などの措置を講じた製品の値下げは、……一袋３円80銭の石臼製品が２円前後にまで引き下げられたのに対抗して機械製品を１円80銭の大出血価格まで引き下げた」[13)] のである。競争に対しては価格の引き下げも行ったことが明らかになった。ここで、独自の販路開拓が行われていたといえるであろう。

表１　日本製粉品種別マーク（昭和６年頃）

	本店営業課	名古屋支店	小樽支店	神戸支店	門司支店
強力品	セモリナ ヨット ナポレオン イーグル 牡丹 赤山平 青牡丹 金鈴	ヨット ナポレオン イーグル 牡丹	ヨット ナポレオン 金星 牡丹	緑宝 赤地球 ロッキー 牡丹 ナポレオン イーグル	ビーナス サンダー
中間品		特三井 金鈴		金鈴 青地球	緑双馬 金鈴 紅緑三井
薄力品	ハート ブリタニカ 富士 松 オリエント 青鞠 赤松	ハート ピース 富士	白星 金弁天 ブリタニカ 白鷺	ハート きく 青大日 青鞠	クローバー 赤ダイヤ 紫ダイヤ 青鞠
標準品	竹	日の出	赤星	ゆり	緑ダイヤ

出所：日本製粉社史委員会編『日本製粉株式会社七〇年史』日本製粉株式会社、1968年、339ページ。

また、流通経路に関しては「製品の販売は、創立当初から主として特約店を通して行ってきた。……特約店の団体として『末広会』が組織されたが、その会員の数も増えて（大正８年には穀粉106店麩12店）、その分布も四国と北海道を除いて全国各地域にわたっていた」[14]のである。こうして、日本製粉は、独自の販売経路を構築していったのである。

さて、プロモーション政策についてはどうしていたのであろうか。まず広告分野を見てみよう。北海道にあった大里製粉所は、大正８年には、日本製粉と合併するのであるが、そこでは、「マカロニ製造工場も建設して、珍しい国産マカロニを売出した。当時、マカロニは食べ方から宣伝しなければならぬ時代」[15)]であったことが紹介されている。また、昭和３年に制定された管理諸規定の第八条で「支店長ハ支店及所属工場ニ於ケル旅費交際費広告費通信費諸給料ノ細別予算ヲ作製シ毎半季ニ予メ許可ヲ受ケ置クベシ」[16)]と規定されている。このことからも、一応広告費の予算が組まれていたことがわかる。つまり、広告の予算も組まれ、実際に宣伝が行われていたのである。しかし、積極的に行われていたかといえば、そうではないと思われる。つまり、広告に関しては、規模も小さく、あまり積極的に消費者に訴求するといったものではなかったのである。これは、製粉製品は、主として製麺・製パン・製菓などの原料になり、インダストリアル・マーケティングの範疇にはいるからだと考えられる。

1922年（大正11年）から1928年（昭和３年）頃にかけて、「より安価な外国産小麦を原料として高能率に生産し、海外に積極的に市場を求めていく」[17)]路線が打ち出され、「製品の輸出についても同様に三井物産と鈴木商店が扱った」[18)]という。その後、日本製粉は、1926年（大正15年）の日清製粉との合併話の破談、1927年（昭和２年）の金融恐慌、鈴木商店の破綻を経験し経営が行き詰まり、三井物産の強力な支援のもとで再建されることになったのである[19)]。そして、「昭和２年５月14日に、日本製粉は三井物産との間で小麦粉と麩に関する一手販売契約を締結」[20)]する。これ以降、日本製粉の海外のみならず、国内マーケティング活動の多くの部分は三井物産が行うことになる。

以上、日本製粉においては、用途別の需要に合わせた製品の多様化という製品政策が特徴的である。また、三井物産に経営を支援されるまでは、独自の販売網を構築するために活動していたのであり、それらの活動の中には値引き販売などの価格政策や資金供与なども含まれていたのである。また、広告活動も、行われていたのであるが、その規模は小さく積極的には展開されていなかった。

２．日清製粉

日清製粉の前身である館林製粉は1900（明治33）年、資本金３万円で正田貞一郎等によって設立された[21)]。館林製粉は設立３年後に工場を100バーレルに改善した。当時の製品は「一等粉が旭、二等粉が鶴、三等粉が亀」と言った自社ブランドによって販売された。四宮氏は「自社ブランドの製品販売から価格まで日本製粉にならった」[22)]と指摘しているが、どのような価格を実際につけたのかは定かでない。原料の小麦は地元から購買したが、北関東だけで消費できる見込みであったが、事実はそうはいかず「群馬、埼玉のほか、長野県、新潟県方面へも販路を拡張する必要が」[23)]あったのである。

1906年に500バーレル規模の工場を館林に新設しさらに同規模のものを1910年に増設した[24)]。この間1907年に設立間もない横浜の日清製粉を合併し、社名を日清製粉と改め、東京・日本橋小網町に本社を移転させ、資本金40万円の新製粉会社がスタートした[25)]。

当時の販売は特約店制度を採っていたが、その「特約店制度というものは１つの町に１軒の特約店を置くもので、その中には専属もあった」[26)]というものであった。関東が中心であったが、すでに部分的ではあるが、専属的チャネル政策が行われていたことは留意すべきことである。

その後、合併を繰り返してゆくが、主な合併は次のようなものである。1904（明治40）年には宇都宮の大日本製粉、1918（大正７）年には高崎の上尾製粉、1922年には佐野の両毛製粉を合併した。また、生産拠点の建築・増設も積極的に展開している。1917年には水戸工場を建設（700バーレル）して、関東での源麦集荷と製造、製品の関東から甲信越での販売体制を確保した[27]。

また、1916年には名古屋工場を新設・増設（２工場で1,000バーレル、1918年には岡山工場を建設（1,000バーレル）、1920年には神戸工場を建設（1,500バーレル）した[28]。1924年には、鶴見埋め立て地に新工場を建設し、「鶴見工場」とした、1928（昭和３）年には第２期工事が完成し、日産7,000バーレルの巨大工場が出現した[29]。こうして、日清製粉は全国的な生産体制をつくりあげた。

日清製粉において、特徴的であったのは、顧客の満足の充足を日清製粉の経営理念の基調にすえ、効率的な多品種生産をめざしたこと、各地方によって需要・嗜好が違うために、そこに位置する各工場は、これを勘案して製造と販売を検討していたことである。

日清製粉の当時の専務、正田貞一朗は、1913年に欧米を視察した。そこでは、「ドイツに行き、ブランシュワイヒのアンメ会社を見学した。……すべての製造業者はその製作した製品を使用者の立場から絶えず研究して、顧客に満足を与えるように努力すべきであるという意味において、学ぶべき点であった。……この工場で、五種類ものそれぞれ特徴のある製品を同時に分けている集約的経営は、原料上の制約の多いわが国の学ぶべきところである」[30]と顧客志向・顧客満足の充足と多品種生産を学んだのである。この顧客志向・顧客満足の充足とその具体的な政策としての、用途や嗜好に合わせた多品種生産は、日清製粉の基調となっていたようである。

また、「当時神戸に……増田製粉所には強力粉と薄力粉に特殊な品質の製品があり、強力粉の渦巻印に匹敵するものとして、当社では北満小麦をもって曲馬印をつくった。北満小麦がこなくなった後は代用として間島小麦を使用し、これに麩質の硬いカナダ小麦をまぜて、製品の品質が急変しないようにした。これが需用者の好評を得て、地盤を獲得することができた」[31] という。これは、各地方の嗜好などに配慮して、製品づくりをしていた一例といえるであろう。

日清製粉と日本製粉との合併問題解消後、日清製粉と三菱商事との間に緊密な取引関係が始まったようだ。「大正15年12月末、三菱商事株式會社との間に……製品の輸出販売を一手に委託する話を進め、翌昭和２年３月１日から実施した」[32] のである。その内容で留意しておくことは、「三菱は日清に対して海外市況並に需給状態等を正確迅速に報告する」[33] という取り決めである。これは、海外の市場の変化に機敏に対応しようとしたためだと思われる。「昭和２、３年頃から纒まった輸出が出来るようになった直接の主要原因はカナダ下級小麦の製粉化に成功したからである。……当社では化学研究の応用と技術の進歩により、右下級品を割安に輸入し、これを原料として普通の製品を造って天津に送り、価格の点において米国粉、上海粉を駆逐して、天津、北京等へ継続して大量の輸出をなし、漸次秦皇島或は青島等へも多額を輸出するようになり、一挙にして北支に鞏固な地盤を獲得して商標を売込んだ。一時この下級品はわが国製粉輸出総額の六、七割を占めた」[34] という。「輸入小麦粉の種類は旭、鶴、蝉、鶉等であり、軍隊向は、蝉、鶉」[35] であり、これらの廉価のブランドを創出したことが効果的であったようだ。

昭和３年に、日清製粉と日本製粉は、いわゆる「正田・安川紳士協定」が締結され、統制価格の実行と販路の尊重を申し合わせたのであるが、これは、昭和５年に結成される製粉販売組合へとつながっていくのである[36]。これ以後、両社とも自由な営業活動は、原料の購買と製品の移・輸出の場でのみ行われることになり、製品政策以外でのマーケティング活動は見受けられなくなるのである。

日清製粉は正田の洋行で学んできた顧客志向・顧客満足の充足と多品種生産を実践し、この顧客志向・顧客満足の充足とその具体的な政策としての、用途や嗜好に合わせた製品づくりを行ったことが明らかになった。また、工場を各地方に建設したため、地域特有の嗜好にも対応できるようになっていた。価格政策に関しては定価制の導入という見解もあるが、残念ながら不明確である。販売経路政策は特約店制度を早くから採用していた。そして、その一部ではあるが専属的チャネル政策が展開されていたことが明らかになった。これは、日清が流通経路の系列化を試みたと見ていいものだろうか。

以上、製粉産業について検討してきたが、第一次世界大戦前後、製粉産業は、生産量が飛躍的に伸びていった。そして上述の、日本製粉と日清製粉は、いろいろな配合により、用途や嗜好に応える多品種生産を製品政策の中心においた。これは、顧客満足の充足や顧客志向といったマーケティング理念と言っていい考えが背景にあったと考える。また、特約店契約などにより、独自の全国販売店網を作り上げていったようである。そして、それらに対しては値引き販売などの価格政策や資金供与や販売奨励金の付与などの販売網に対する販売促進を行っていた。また、広告活動も、小規模ながら行われていたようである。これらのことから考えられることは、製粉産業は、販売網に対するプッシュ政策を、広告などによるプル政策よりも積極的に押し進めていたのである。つまり、インダストリアル・マーケティングの性格が強いマーケティングが展開されていたと考えられる。

昭和2年頃を境に、商社の力が強くなり、海外での販売のみならず国内販売をも一手に引き受けていたようである。これを境に、製粉企業の独自のマーケティング活動は脆弱となっていったようである。しかしながら、**表1**などからもわかるように、上述2社は、いろいろな用途や嗜好に応えるために行った多品種生産を国内・海外を問わず続行していたのである。多品種生産は、市場の嗜好などを綿密に調べる必要があり、情報を集める担い手が独自の調査機関から商社へと変わったきらいはあるが、消費者志向・顧客志向といった理念が背景に残っていたと考える。

注

1）昭和３年頃において、すでに、「人絹は五資本の下に80％を、…製粉は二資本の下に95％を、紡績は五資本の下に50％を集中してい」たのである。有沢広巳『現代日本産業講座Ⅰ』岩波書店、1956年、171ページ。
2）鳥羽欽一郎「日本のマーケティング――その伝統性と近代性についての一考察――」『経営史学』第17巻第１号、1982年、８ページ。
3）日本製粉社史委員会編『日本製粉株式会社七十年史』日本製粉株式会社、1968年、62～64参照。
4）同上書、76～78ページ参照。
5）同上書、77ページ参照。
6）同上書、80～82ページ参照。
7）同上書、81～82ページ。
8）同上書、82ページ。
9）四宮俊之「食品企業における成長と革新」、由井常彦・橋本寿朗編『革新の経営史』有斐閣、1995年、35ページ。
10）日本製粉社史委員会編『九十年史』日本製粉株式会社、1987年、30ページ。
11）同上書、55ページ。
12）日本製粉社史委員会編『日本製粉株式会社七〇年史』日本製粉株式会社、1968年、339ページ。
13）同上書、189ページ。
14）日本製粉社史委員会編、前掲『九〇年史』、31ページ。
15）日本製粉社史委員会編、前掲『日本製粉株式会社七〇年史』、244ページ。
16）同上書、320ページ。
17）日本製粉社史委員会編、前掲『九〇年史』40ページ。
18）同上書、42ページ。
19）同上書、43～45ページ参照。
20）同上書、47ページ。

21）『日清製粉株式会社史』日清製粉株式会社、1955年、６ページ参照。
22）四宮俊之、前掲書、40ページ。
23）同上書、54ページ。
24）『日清製粉100年史』日清製粉株式会社、2001年、25～26、46～47ページ参照。
25）同上書、28～45ページ参照。
26）前掲『日清製粉株式会社史』55ページ。
27）同上書、70、102～104、107～108ページ参照。
28）同上書、105～107、108～110ページ参照。
29）同上書、121～122ページ参照。
30）日清製粉株式会社編『日清製粉株式会社七〇年史』日清製粉株式会社、1970年、484ページ。
31）同上書、495ページ。
32）日清製粉株式会社編『日清製粉株式会社史』日清製粉株式会社、1955年、177ページ。
33）同上書、177ページ。
34）同上書、175ページ。
35）同上書、176ページ。
36）日清製粉株式会社編、前掲『日清製粉株式会社七〇年史』、536～538ページ参照。

第5章　戦前日本の繊維産業における対市場政策

1．鐘紡

まず、鐘紡について考察を加えよう。鐘紡は、当時五大紡績の一つであった。少し時代をさかのぼるが、「明治34年当時、……大阪の問屋が兵庫工場でつくる糸を他社と同じ値段では買ってくれないということだった。理由は『鐘紡の糸は他社の糸に比べて痩せている』というのである……綿の繊維がよく撚り込まれて痩せて見えた。つまり、品質が一段と進んだ糸であったことがかえって評判を悪くしていた」[1)]のである。そこで、「全国の需要家を啓蒙するための宣伝を開始した。……まず、綿糸問屋に右撚16番手と左撚20番手の製品を配布し、……全国の織屋に他社糸との優劣を精細に比較してその結果や意見を懸賞付きで求めた。……『鐘紡糸が優良である』との結果が出た。……この懸賞に応募したのがきっかけで全国需要家が覚醒してくれたことが推進力となり、鐘紡綿糸の声価は日を追って高まった」[2)]のである。また、「宣伝の一方法として、一玉ごとに商標に準じた紙片を付けること」[3)]を実行して、「全国の需要家にも品質に対する認識を改めてもらうために、鐘紡各工場の製品一玉ごとに証明書を添付した。それには、製品の改良点などを指摘された場合は謝礼をする旨が明記されており、末端需要者の声を集約する市場調査の役を果たし、製品改良に役立つばかりか、市場での声価をいよいよ高めた」[4)]という。そして、鐘紡の「新聞広告利用は、当時の紡績業者としては前例のない破格のものであった。……広告宣伝による企業や製品に対する信用の増大、ひいては会社の繁栄をもたらす……成果」[5]をあげた。鐘紡は、すでに、明治のこの時期に、懸賞や広告による製品訴求への働きかけや市場調査のさきがけを行い、需要者の嗜好を調べ、製品づくりに反映させていたのである。

鐘紡は、昭和初期頃から「海外での販路開拓を商社任せではなく鐘紡自らの手で行なう」[6]積極策を打ち出した。これは、「生産された製品が消化されてこそ生産を完結したことになるのだから、販売先の確保は当然の措置であった」[7]という考えが背景にある。そして、昭和6年頃に、世界各市場日本綿布輸出可能地域へ隅なく駐在員を配置していった。その後、「昭和9・10年を転機とするわが綿布の輸出大発展の背景には従来のマスプロ・マスセールス・廉価良質の紡績生産販売政策は基本的に変わらないとしても、戦術的には残された世界あらゆる地域の市場に向かって木目細い研究と調査を行い、市場開拓の容易な地域を選び、市場好適製品の案出、バイヤーの要望する品種製品の新規生産を敢行して輸出拡大を計った販売生産部門の新戦術を忘れてはならない。換言すればわが綿業は綿布輸出環境の大変動に即応して『大量生産』の一部を切り替え『少量多品種方式』に戦術転換することによって製品の多様化と新市場開拓に努め、輸出増進の流れを推し進めていった」[8]のである。また、鐘紡は海外に輸出する場合、「自社ブランド尊重の姿勢」[9]を貫いたり、「海外へのPR用一二枚もののカレンダーを製作した。……企業PRを行ない、鐘紡ブランドと企業スケールの宣伝に努め」[10]たりしたことは留意する必要がある。

つまり、鐘紡は、駐在員を派遣することにより、世界各市場の市場調査を行い、その調査をもとに市場を選定し、その市場にあった良質廉価な製品を創出して、自社ブランドで海外市場を開拓していったのである。これは、綿密な市場調査に基づき、製品政策における顧客志向、価格政策における廉価販売政策、伝統的流通機構に頼らない独自の販売経路の構築、自社ブランドの宣伝と駐在員による人的販売といったプロモーション政策などが有機的に相互に働きあっている、今日のマネジリアル・マーケティングの基準でも立派なマーケティングといえるであろう。

鐘紡は、海外販売だけでなく、国内販売においても同様な活動を展開している。それは、「サービス・ステーションの拡充と意匠デザイン重視の対策・展開であり、……付加価値（当時はこのような表現はなされていないが）の高い鐘紡製品を開発するために末端消費者の求めるものを調査し、商品企画に活用しようというサービス・ステーションの展開」[11]であった。このサービス・ステーションは「津田社長の考え方の中に小売店舗を通じた今日的表現でいう“川下展開”の発想があり、繊維素材メーカーである鐘紡が紡績・織布業を通じての糸売りや生地売り、さらに加工布地の販売に止めることなく末端消費者に直接販売しようと、前述のように消費動向を的確に把握すると同時に、鐘紡の素材の良さを消費者にアピールする宣伝の役目を果たした。……複雑な繊維の流通機構を辿っていては、消費者と鐘紡の素材が直接接触することが不可能であるということから企画」[12]された。ここにも消費者志向が見て取れる。

また、販売促進については、昭和の初期から「意匠を重視し、テキスタイル・デザイン製作の体制を整えていたこと」[13]や「カネボウ」という「現在も商標文字として使用しているカタカナのロゴタイプは、すでに大正時代に誕生していた」[14]ことが注目に値するだろう。そして、「鐘紡の広告は、……全ページ広告として出されている。決算内容などの企業の経営内容、商品内容をあわせて説明しており、決算広告もかねた企業広告であることがわかる。その後もたびたび出稿された全ページ広告には、社長武藤山治の広告観が色濃くでている。……武藤も独特な経営哲学、政治社会観を昭和初期にかけて」[15]あらわしていく。ここで注目に値するのは、鐘紡では、商品広告よりも、企業広告が積極的に展開されたことであろう。

国内販売においても、サービス・ステーションを通じて、消費動向を的確に把握し、同時に消費者に製品の良さをアピールしている点、ロゴマークを使用したり、商品広告とともに企業広告を用いて、企業イメージをあげる取り組みをしている点など、マーケティング活動を展開していたといえるのではなかろうか。

2．グンゼ

次にグンゼについてみていくことにする。グンゼは生糸を中心に生産しており、その多くが海外に輸出されていた。「大正13年の取扱数量からいえば、三井物産65％、日本生糸13％、日本綿花22％という割合」[16]の輸出を取り扱っていた。つまり、販売を商社に任せていたのである。しかし、高級婦人靴下などの製品をつくるようになってくると、ある程度、直接輸出を行うことになる。こうして昭和９年、アメリカへの直接輸出を行うために設立されたのが、グンゼシルク・コーポレーションである。設立の理由は、「真に顧客の満足をかち得る製品を提供し当社糸販売の基礎を築かんことを目的とし、更に生糸に関する凡ゆる傾向を迅速に知ることにあった」[17]のである。ここでも、顧客志向がうかがえる。

また、とくに留意すべき点は、製品生産に対する考えであろう。「優良品を経済的に生産して市場に安く提供し、需要の拡大を図ることが蚕糸業発展の唯一の方策」[18]であり、それを達成させることが、グンゼの大きな目標であった。そこで、1933年（昭和８年）、専務の片岡は、生産費の低下を提言する必要を以下のように説明している。「蚕糸業更生の途は凡て生産原価を低下することにある。人造絹糸に対抗し得る価格にて生産することが絶対に必要である。……蚕糸業は、生産者本位でなく消費者本位でなければならぬから、優良生糸を経済的に生産し、広く販路を世界に求むべきである」[19] と主張しているのである。そしてこのような目標を達成するために、完全運動、緊張週間、機敏運動など、各種の運動を展開して、品位の点や能率の点で普通機の限界を求め、多くの効果を上げたのである[20]。しかし、これらの一連の運動は、ひずみも生じたのである。例えば、昭和３年、「人事課長・小林建雄は『郡是は賃金は良いが随分工女をいじめる会社だという噂がなかなか高い。完全運動が大分影響しているらしい』」[21] と報告している。また、「場長が半沈繰糸の成績をあげんとあせった結果、至るところ無理を生じ」[22] ストライキなども起こった。そして、労働面でのしわよせは健康状況にも影響し、1931年（昭和６年）４月頃、「実に、毎日1,200～1,300名の欠勤者があり、それが会社に損失を与へているのであるから、極力この方面の数字が減る様願ひたい。殊に生産費150円実現については、職工の疲労も多くなる場合もあらうと思ふから、健康上には一層の注意を払っていただきたい」[23] との注意が出るほどであった。

ここでは、二つの点について注目しておく必要がある。まず第１点は、製品生産は、消費者本位に行わなければいけないという消費者重視の姿勢である。これは、当時、消費者志向が、すでに、経営の理念となっていたことがうかがえるという意味において注目に値する。

第２点は、各種の一連の運動を見てみると、消費者本位という錦の御旗のもとで、労働強化が図られていったことである。これは、現代の、消費者利益のためになどの理由で労働時間の延長などが図られている現状と相通じるものであり、マーケティング思想の「二重構造性」がかいま見られるといえる。

3．福助足袋

福助足袋（以下、福助とする）は、明治15年、大阪府境区大町に、辻本福松が、足袋装束問屋「丸福」を開いたことをもって創業としている[24]。そして、良い品を安く売るという信条のもと、安く売るために大量生産の方策を探すようになり、それまでは、手縫いが当たり前であったものに、ミシンによる機械縫いを試みるようになる。そして、爪先縫いの改造をはじめさまざまな改良を加え、ミシンによる足袋縫いを実現した[25]。さらに、明治中期には引き札や業界紙に広告を掲載したり、派手なパッケージに足袋を詰めてみたり、大正２年頃から広告、特に新聞広告を積極的に展開したり、するようになる[26]。すでに積極的なプロモーション活動が見られたのである。

また、販路の拡張にも積極的で九州をはじめに販路を拡張していくが、福松亡き後、婿養子の豊三郎が采配を振るい、1912（明治45）年には全国制覇を目指して販路を広め「小林太吉を関東総代理店として売り込みを開始」[27]し、そして、「大正６年11月、小林代理店と豊三郎の合資で、日本橋区田所町に福助足袋東京営業所を設け」[28]たのである。

東京進出と相まって1915（大正４）年３月には組織を改め「合名会社福助足袋本店」として、初めて会社組織となった[29]。そして、1919年10月11日には資本金150万円の福助足袋株式会社が設立された[30]。

まず、福助の、経営理念は、「販売方針の起点を常に一般大衆におき、如何にすれば中間利益を省き、最も容易に、最も安く優秀な製品を日本全国の消費者に行きわたらせ得るか、大量生産に伴う大量販売が出来るかを科学的に、実際的に研究」[31]することにあった。ここでは、マーケティング思想面では、消費者志向が見受けられる。また、大量生産体制における大量販売体制の実現の必要性を認識している点も興味深い。これは、独占資本にとって最も基本的な市場問題である。これの解決をめざして、マーケティング技法の発達がはじまるといってよい。

まず、製品政策においては、消費者の嗜好を調査して、それに応えようとしていたようだ。「昭和7年早々、……上海、南京、蘇州方面に出向いて、支那人向きの履物を調査研究した」[32]が、これにはなかなか苦労したようである。しかし最終的には、中国人の嗜好にあった履物をつくり「始めて大陸向きの履物の製作、輸出に成功」[33]した。これは、消費者の嗜好を調べ、製品政策に反映させようという消費者志向の一例といえるであろう。

次に、流通経路の構築についてであるが、福助は、明治41年に第一回の店員会議を開き「この第一回の店員会議の結果、一市一町一店主義の販売方針が樹てられた」[34]のである。これは、専属的チャネル政策がはやくも行われていたという興味深い事実である。こうして、福助は独自の流通経路を全国に構築していくのである。大正14年には「福助会」などの販売店・代理店の親睦会もつくられて、より強固な販売網にしていったのである。しかし、販路拡張にともない販売店同士の間に利害が共通しないものがあらわれ、濫売が行われるようになった。そこで組織を一元化するために「福助足袋販売会社の設立を見る事」[35]になった。この結果「昭和元年の全国卸売業者418軒が、昭和5年には販売会社31店、代理店97、合計128店にまで整理され、本社の販売政策は非常に楽になつた」[36]のである。しかし、もともと経営が他人まかせであったため、思ったほどの効果が上がらず、昭和6年頃から販売会社は、各地営業所長の指揮下にはいることとなり、整然たる販路の統制はここになり、販売の強化は完全に実現したのである[37]。福助は、はじめは伝統的販売経路の中から代理店を選び販売網の構築をめざして、ある程度成功したが、より強力な販売経路を構築するために自ら経路の統制に乗り出してきたことに注目しておきたい。これは、今日的な垂直的マーケティング・チャネルの色彩が非常に近いと指摘しておく。

次に、プロモーションについてであるが、福助は、積極的な広告活動を展開した。ちなみに、福助は、1928年度において20万円を新聞広告につぎ込んで大阪の広告主の、8位にランクされた[38]。さて、大正2年頃、販売店に大ポスターを掲げたり、新聞広告を「月に二回乃至四回の程度で四五行物を掲載した」[39]りしはじめた。大正7年には、広告もいよいよ本格的に行われた。「当時の……広告計画によると、東京は新聞、楽隊、看板、大阪は新聞、京都、和歌山、北陸は、新聞と看板、朝鮮、滋賀、長崎、名古屋、下関、岐阜が看板、阪神、山陽が自動車、大連、大和が旗行列、九州、泉州が新聞と楽隊」[40]と実に豊富な広告媒体を使っていたことが特徴的である。これにもまして、大正11年頃には、広告部はさらに充実されて、30人近くがそこで働き、広告も、博多で電飾塔を使ったり、消費者が親しみを増すようにさまざまな懸賞募集を行ったりし、さまざまな広告媒体を取り入れて、ますます広告に力を入れていったのである[41]。新聞広告の効果について、「商品の真価を一般に認識させ、地盤を築き上げる上に、この新聞広告の力は非常に大きな役割を演じた」[42]と評価している。そして、地下足袋の広告について、「地下足袋の顧客は朝から晩まで働き続ける労働者であるだけに、宣伝法も今までの足袋のそれとは自然変へねばならぬ」[43]と顧客に合わせた宣伝の必要があることを認識している。これは消費者志向であり、市場細分化に対応した広告の一例であると考えている。

最後に、価格政策についてであるが、特筆すべきは「足袋の『文廻し』廃止による均一定価の実施と、運賃本社負担による全国的売価の統一」[44]を実施したことである。画期的だった。「文廻し」とは従来の足袋の値段の方法で一文いくらという売り方で、これを廃止したのだ。これらを断行した背景には、「たとひ足袋に大小はあつても、その利用価値とか、効果とかを考へて見れば、なんの違ひもない。便利であればそれでいゝではないか」[45]という考えがある。「時代は簡便とか、スピードとかを切実に求めてゐる。……この二つの断行はよく時代の要求に副ひ、消費者にも販売店にも大人気を以て迎えられ、販売を円滑化し、事業の躍進に拍車をかける」[46]こととなった。ここにも消費者志向をかいま見ることが出来る。しかし、定価の設定は消費者の利便性だけで決まるわけではなく、価格の安定が再販売価格維持制によって図られ、最大利潤の獲得につながるといった側面も見逃してはいけないだろう。

福助においては、経営理念として消費者志向をとなえ、製品政策、流通経路政策、プロモーション政策、価格政策のそれぞれの技法に反映させている。そして、それらが有機的に相互に補完し合って活動が展開された。つまり、福助では、戦前からマーケティングを行っていたといえよう。

以上、繊維産業に関して若干の検討を加えた。繊維産業は、商社に販売や原料の買い付けを依存しているケースも多いが、上述の企業のように独自に市場調査を行い、その市場にあった製品を開発して、新聞による商品および企業のイメージアップを図る広告を行ったりして、マーケティングを展開していたり、消費者志向を経営理念としていたりする企業もあった。また、福助のように経営理念に消費者志向をすえ、それに沿った製品政策、流通経路政策、プロモーション政策、価格政策を行っていた企業も存在したのである。

注

1）鐘紡株式会社社史編纂室編『鐘紡百年史』鐘紡株式会社、1988年、97ページ。
2）同上書、98ページ。
3）同上書、98ページ。
4）同上書、100ページ。
5）同上書、100ページ。
6）同上書、239ページ。
7）同上書、241ページ。
8）同上書、245ページ。
9）同上書、248ページ。
10）同上書、257ページ。
11）同上書、249ページ。
12）同上書、249～250ページ。
13）同上書、257ページ。
14）同上書、257ページ。
15）津金澤聰廣、有山輝雄、山本武利、吉田曠二『近代日本の新聞広告と経営』朝日新聞社、1979年、278ページ。
16）グンゼ株式会社社史編纂室編『グンゼ株式会社八〇年史』グンゼ株式会社、1978年、183ページ。
17）同上書、287ページ。
18）同上書、226ページ。
19）同上書、237～238ページ。
20）同上書、238～242ページ参照。
21）同上書、242ページ。
22）同上書、242ページ。
23）同上書、243ページ。
24）『フクスケ100年のあゆみ』福助株式会社、1984年、27ページ参照。
25）同上書、30ページ参照。
26）同上書、31～32ページ参照。
27）同上書、35ページ。

28）同上書、35ページ。
29）金子洋次郎編『福助足袋の六十年』福助足袋株式会社、1942年、129ページ。
30）同上書、156ページ。
31）同上書、210ページ。
32）同上書、344ページ。
33）同上書、344ページ
34）同上書、82ページ。
35）同上書、325ページ。
36）同上書、326ページ。
37）同上書、327～328ページ参照。
38）山本武利「近代広告の一断面　続」『宣伝会議』、No.220、1971年第10号、64ページ。
39）金子洋次郎編、前掲書、124ページ。
40）同上書、139ページ。
41）同上書、214～218ページ参照。
42）同上書、141ページ。
43）同上書、346ページ。
44）同上書、142ページ。
45）同上書、143ページ。
46）同上書、145ページ。

第6章　戦前日本の洋菓子産業における対市場政策

本章では、菓子の歴史と戦前日本の洋菓子産業について概観したのち、森永製菓、江崎グリコ、明治製菓を取り上げて検討してみたい。なお、マーケティングの成立は独占資本の登場と切り離して議論できないと考えるため、検討する時期を資本主義の独占段階への移行期以降としたい。なお、検討する期間は主に第一次世界大戦前後から第二次世界大戦前までを中心としたい（1918年頃から1940年頃まで）。それと、戦前日本の洋菓子産業においては、輸出や海外での生産・販売活動がみられ、すでに海外市場を対象にした対市場活動が展開されており、国際マーケティングの可能性を示唆しているが、本章では国内市場をめぐる対市場活動にしぼって考察したい。

1．菓子の歴史

まず、現代の菓子の分類を見てみることにしよう。広辞苑によると、「常食の外に食する嗜好品。昔は多く果実であったからこの名がある。今は多く米、小麦の粉、餅などに砂糖、餡などを加え、種々の形に作ったものをいい、和菓子と洋菓子に大別」[1)] される。また、明治製菓株式会社『お菓子読本』[2)] によれば日本のお菓子の種類は細かく分けると何万種類にも及ぶが、代表的な分類は歴史的発展過程（日本に昔からある和菓子と西洋から伝えられた洋菓子）による分類と水分含有量と保存性を基準（生菓子と干菓子）とする分類に大別できる。

さて、一言で菓子といっても、その意味するところは時代とともに微妙に変化してきたといえる。例えば、菓子が意味するところが上古の時代には果物や木の実のことを指していたのだが、平安朝初期から穀物の加工品、すなわち今の菓子風のものをふくめて菓子と呼んだことについてはおおむね合意できるところである[3]。しかし、この曖昧さは、江戸時代にまで続いたのであるが、「天和か元禄のころに（1684年前後）になって菓子がにわかに発達して、ついに菓子と果物が分離し、果実を『水菓子』という」[4]ことになったのである。

そこで、菓子の歴史を、「菓子の意義も時代と種類と用途とによって変化をまぬがれない」[5]という見解に立つ、守永正氏の時代区分にしたがって概観していくことにする。第１期は上古時代であり、「弥生文化人の原始時代から大陸文化輸入以前で、日本の菓子（果物を含めたもの）のあった時代」[6]である。この時代の特徴は農作物の加工品である餅、焼米、乾飯（ほしいひ)、米から作った飴などを、すでに間食として食していたことである[7]。

第２期は唐菓子時代で「大陸文明がようやく繁くなり、仏教の伝来のなどもあったことから奈良平安の両期をとおって、鎌倉時代まで、唐菓子が中心となって日本固有の菓子にも革命を起こした時代」[8]である。この時代には、唐国から砂糖が渡来したのであるが、まだ少量で希少品であり、主に医療薬として用いられたのである[9]。

第３期は点心時代で、「室町時代（足利時代）から安土桃山時代まで、茶道に伴う茶菓子を中心にした時代、当時この茶菓子を点心といい、菓子文化が異様な革命を起こした時代」[10]である。この時代の特徴は、菓子が「一部の階級の嗜好品的独占物となり、一般庶民からは縁のないものに変わっていった……庶民は上古時代の原始菓子で満足」[11]しなくてはならなかった。

第４期は南蛮菓子時代で、「政治経済的には第３期と重なっているが、点心時代の菓子と本質的に対照の立場にある南蛮菓子が中心の時代で、時代も足利時代の終わりから江戸時代の初期、鎖国令が敷かれるまで」[12] の時代である。南蛮菓子とは南蛮人の手によって輸入された菓子のことをいうが、一般に取り引きされた南蛮菓子を見ると、カステイラ、ボーロ、金平糖、有平糖、カルメラ、ビスカウト、パン、などが見受けられる。そして、南蛮菓子は砂糖の大量輸入と砂糖菓子の製法を伝えたという点に特徴がある[13]。

第５期は京菓子・上菓子時代で、「江戸時代で、文明が関東と関西に分かれてその二大潮風が相対立し、したがって京都式菓子と新興江戸式上菓子が対立して発達」[14] した時代である。この時代の特徴は、鑑賞用京菓子が発達したこと、江戸でも京菓子に対抗してまんじゅう類、羊羹類、せんべい類やおこし類の上菓子が発達たこと、庶民も簡単に買える黒砂糖を使用した駄菓子（一文菓子）が発達したこと、そして、和菓子の技法がほぼ完成し上がったことである[15]。

第６期は洋菓子輸入時代で、「明治以後で、洋菓子の移入から和菓子もその影響を受けて異常な発達をとげ、和洋折衷菓子の出現するまでの時代」[16] である。この時代の洋菓子は主としてビスケット、ドロップ、乾燥物、掛物類、チョコレート、キャラメルであった[17]。

第７期は大量生産時代で、「太平洋戦争で敗退した日本が世界の大勢につられて機械文明に支配され、したがって菓子界にもその勢力はいなみ難く機械化されて、それによる大量生産に重点をおくようになった時代」[18] である。

ここまで菓子の歴史を概観してきたが、日本古来の菓子に中国からの影響や、南蛮菓子の影響、明治維新頃からの洋菓子の輸入などの影響を受けて発展して来たといえよう。なお、南蛮菓子と明治維新頃からの洋菓子については「土着化し日本化した南蛮菓子は、明治以後の洋菓子とちがって、むしろ在来の和菓子の特殊形態というべきもの」[19]となった点である。本章ではこの見解にしたがうことにする。

さて、江戸時代後半にはいると上菓子と駄菓子との分化が進んでくるのであるが、これは「封建社会における階級構成を反映するもの」[20]であった。しかし、上菓子や駄菓子ともにごく狭い範囲での市場形成を基本とした家内工業的生産が行われているのが実状であった[21]。

幕末の開港や明治維新は製菓業に「第一に、領主制の廃止、家臣団の解体は、特権的旧支配層の崩壊を意味したのであり、上菓子屋に一時的な打撃をあたえるものである。第二に、封建的諸呪縛の廃止によって、大衆的菓子消費とそのための菓子生産が自由におこなわれることとなった。第三に、幕末開港以後砂糖輸入の増加、洋菓子の輸入、全般的な生活の洋風化の影響などにより、新しい洋菓子の消費の条件がしだいに形成された」[22]という影響をおよぼした。しかし、これらの影響が顕著にあらわれてくるのはかなり後のことで、「明治前期における製菓業は、全体としてなお分散的な地方的小工業にすぎなかった」[23]のである。

しかし、外国製洋菓子の輸入による市場の形成は当時保存性の問題や、居留外人や一部の日本人という限られた消費などという制約により、洋菓子の市場形成は緩慢なものであった[24]。

だが、玉城哲、井上敏夫両氏によれば、「このように緩慢であったにせよ、洋菓子市場の拡大は必然のなりゆきであった。西欧諸国の技術、制度、生活様式をとりいれることに懸命であった明治政府とその社会は、あらゆる面で洋式化を主軸とした近代化の道をあゆんだのであり、菓子の分野もその例外ではなかったのである。そこで、日本の近代的菓子市場は在来和菓子市場と洋菓子市場の二重性をもち、その対抗関係によって特殊な様相を示しつつ展開する」[25]のである。しかし、上述の南蛮菓子の土着化や和洋折衷菓子の登場などにもみられるように、対抗関係だけではなく、時には融合しながら日本の菓子市場を形成していったのではないかという点を指摘しておきたい。

2．戦前日本の洋菓子産業

日本の洋菓子産業を発展させた要因の一つに、日清・日露戦争期における軍需におけるパン・ビスケットの生産があげられる。確かに玉城、井上両氏のように「戦時と平時の需要量の格差のいちじるしい点は、初期のパン・ビスケット企業の業績を不安定なものとする要因ともなった。軍需に応えたいくつかの新しい企業が成立したが、いずれも経営は安定せず、永続性にとぼしいものが多かった。軍需的ビスケット・パン市場の形成は、日本における近代的菓子・パン資本形成をうながす一つの重要な条件であったとしても、基本的・中心的条件ではなかったのである」[26)]という見解もある。しかし、日清・日露戦争時に大量に生じたパン・ビスケットの軍需は、そのつどパン・ビスケット産業に活気をもたらし、昭和女子大学食物研究所によると、「これ以後もビスケット工業は戦争の都度発展し、それが平時にビスケットを大衆に普及させるのに役立った」[27)]のである。

つまり、ビスケットの大衆化をどう位置づけるかである。筆者は、ビスケットの大衆化はやはり、後の日本の洋菓子市場の形成の基礎となったと考える。そして、大衆洋菓子市場の確立をもとにいくつかの巨大洋菓子企業が誕生してくるのである。それ故、軍需的ビスケット・パン市場の形成は重要な条件以上の基本的条件の一つであったのではないかと考える。

次に、戦前日本の洋菓子産業の発展にとって重要な役割を果たしたのが、関税政策である。外国製洋菓子の輸入による市場の形成が、明治前期から中期にかけて緩慢ながら徐々に拡大してきた。「明治32年の関税定率法（明治30年公布）による菓子類の輸入関税の設置は、輸入品を中心に形成・拡大しつつあった洋菓子市場の展開に一つの転機をもたらした。国内における洋菓子生産の企業化を刺激し、本格的な洋菓子資本の成立の機運をうながしたのである。……なお、従価40％の税率は食品類の中で最高の輸入税率であり、関税障壁的役割を十分に発揮しうるもの」[28]であった。こうして、日本の洋菓子産業は、外国製洋菓子からの競争を関税によってまもられながら発展していったのである。しかし、これは洋菓子産業だけの特徴ではない。一般的にいって、西洋化・近代化を推進した明治政府は、まず、製品や技術を輸入し、その後、技術を習得した産業を関税でもって外国製品から保護したといえる。つまり、戦前日本の洋菓子産業も例外ではなかったということであろう。

さて、**表1**には大正末から昭和20年までの製菓・麺麭業の会社数の推移を表している。はじめに断っておきたいが、この数値には麺麭製造業及び和菓子製造業も含まれているため、戦前日本の洋菓子産業を見るうえであくまでも大雑把な目安でしかない。しかし、ある程度の参考にはなるであろう。

まず株式会社の変遷を見てみると、1925年から1932年頃までは若干の微増減が見受けられるが、ある程度安定した数に収まっている。これに対して、合名・合資会社は同じ時期に毎年その数を増やし、1932年には、1925年当時の約５倍である779社に達している。つまり、この時期の菓子・麺麭製造業の増加は合名・合資といった比較的資本の小さい企業が主導したものといえる。これらが意味するところは、特に和菓子などは顕著だと推察されるが、小企業でも満たせるローカルな需要が大きかったことが考えられる。また、1925年から1931年まで、国民の実質賃金が比較的大幅な増加の一途を辿ったことも興味深い。

表１　菓子・麺麭製造業の推移

	株　式	合名・合資	合　計
1925年（大正14年）	122	155	277
1926年（昭和元年）	122	191	313
1927年（昭和２年）	125	216	341
1929年（昭和４年）	122	379	501
1930年（昭和５年）	118	478	596
1931年（昭和６年）	131	636	767
1932年（昭和７年）	131	779	910
1933年（昭和８年）	142	891	1,033
1934年（昭和９年）	153	1,004	1,157
1935年（昭和10年）	154	1,040	1,194
1936年（昭和11年）	168	1,040	1,208
1937年（昭和12年）	170	927	1,097
1938年（昭和13年）	184	847	1,031
1939年（昭和14年）	206	794	1,000
1945年（昭和20年）	125	※ 957	1,082

出典　商工大臣官房統計課編纂『会社統計表』東京統計協會、各年度版より作成。
※1945年は有限会社も含む。

次に、1933年から1939年までの期間、株式会社は徐々に増加していく。とくに、1937年から1939年にかけての増加は大きいといえる。これに対して、合名・合資は1933年から1935年まで、依然増加を続ける。しかし、1935年と1936年にピークをむかえたのち、以後、1939年まで減少を記録するのである。これは、合名・合資といった小資本ではこの時期の厳しい経済状況に対応しきれなかったということが推察できる。また、株式会社という比較的大企業といえるものが小企業を合併していった結果ではなかろうか。

次に、**表２**戦前日本の菓子生産額を見ていこう。なお、**表２**の数値は職工５人以上の工場での生産額であり、すべてを含んでいないことを断っておく。菓子産業は1922年から1929年までは順調に生産額を伸ばしていった。これはこの時期には戦前日本の菓子産業市場が順調に成長していたためと推測できる。

表２　戦前日本の菓子製造業生産額の推移

（単位：1,000円）

年　次	菓　子（１）	パ　ン（２）	飴	合　計
1919（大正８）年	41,046	…	…	41,046
1920（大正９）	48,221	…	…	48,221
1921（大正10）	65,951	…	…	65,951
1922（大正11）	57,546	…	…	57,546
1923（大正12）	58,530	3,307	…	61,837
1924（大正13）	68,221	6,039	…	74,260
1925（大正14）	76,274	5,708	…	81,982
1926（大正15）	79,737	5,503	…	85,240
1927（昭和２）	86,376	6,524	…	92,900
1928（昭和３）	93,045	7,304	…	100,349
1929（昭和４）	79,703	8,508	15,044	103,255
1930（昭和５）	65,829	7,430	9,715	82,974
1931（昭和６）	71,998	5,897	10,087	87,982
1932（昭和７）	71,915	6,061	11,980	89,956
1933（昭和８）	84,980	6,063	12,842	103,885
1934（昭和９）	95,089	5,871	14,021	114,981
1935（昭和10）	113,597	7,845	16,454	137,896
1936（昭和11）	119,286	10,261	20,173	149,720
1937（昭和12）	147,993	13,227	21,116	182,336
1938（昭和13）	178,776	13,800	24,882	217,458
1939（昭和14）	241,242	24,000	44,653	309,895
1940（昭和15）	266,707	48,440	40,067	355,214
1941（昭和16）	135,545	36,210	23,845	195,600
1942（昭和17）	129,796	36,351	13,555	179,702

注：（１）1923～1928は、飴を含む
　　（２）菓子パンを含む
出典：総務庁統計局監修『日本長期統計総覧　第２巻』、1988年、343～344ページから抜粋。

1930年に大幅に減少したのち1932年まで微増にとどまっている。これは1929年におこった世界恐慌がわが国に多大な影響を及ぼし、1930年には昭和恐慌がおこり、それからしばらく経済的に回復できなかったことが最大の原因だと考えられる。

1933年には、1929年規模の生産額を取り戻し、1936年までは小幅で

増加していく。そして、1937年から1940年にかけては大幅な増加を記録していくことになる。これは、政府による諸政策により、世界恐慌からの経済の回復が見られたためであろうか。それも一部貢献しているだろうが、むしろ、この頃からの中国などとの軍事衝突によってもたらされた、軍需による生産高の上昇という部分が大きな割合を占めていたのではないかと考える。

それはともかくとして、本章の主旨は、森永製菓、明治製菓、江崎グリコの対市場活動を検討することによって、戦前日本の洋菓子産業においてマーケティングが展開されていたのかどうかということを見極めることにある。これは、本書で取り上げたマーケティングの定義とも関連することであるが、マーケティングの展開にはある程度の規模が必要である。そこで、**表3**は、森永製菓、明治製菓、江崎グリコの売上高と市場シェアを示したものである。これによると、明治製菓と森永製菓の市場シェアをあわせると、両社は1921年と1939年をのぞいて20%を超える市場シェアをもち、1921年と1939年においても極端に20%を下回ってはいない。また、**表3**によれば、1933年以降においては、明治製菓は、その売上高およびシェアともに森永製菓を上回ることになる。これは、玉城、井上両氏によると「直接の原因は過度の設備投資の負担がなかったということである。長い消費停滞の過程にあっても、新鋭の輸入製菓設備によって着々と生産性の向上の成果を発揮した明治は、森永のような過剰投資による経営的危機の深刻化をさけることができた」[29] といわれている。すなわち、明治製菓は洋菓子業界において森永製菓と匹敵あるいはそれを上回る巨大製菓会社になったと考えてよいだろう。

さて、江崎グリコ（以降：グリコと省略する）はどうであろうかということが問題となってくる。確かに、二大製菓会社と比べれば、そ

表３　森永・明治・江崎グリコの業績比較（抜粋）

	森永製菓		明治製菓		江崎グリコ	
	売上高（千円）	シェア（%）	売上高（千円）	シェア（%）	売上高（千円）	シェア（%）
1921年	7,961	12.07	3,042	4.61	72	0.11
1923年	15,286	24.72	3,879	6.27	100	0.16
1925年	16,368	19.97	3,982	4.86	223	0.28
1927年	14,085	15.16	6,365	6.85	376	0.40
1929年	13,017	12.61	8,291	8.03	821	0.80
1931年	10,322	11.73	8,881	10.09	1,214	1.38
1933年	11,271	10.85	12,281	11.82	2,188	2.11
1935年	14,654	10.63	16,644	12.07	3,934	2.85
1937年	19,522	10.71	26,101	14.31	5,366	2.94
1939年	25,766	8.31	32,291	10.42	5,640	1.82

出典　森永製菓『森永五十五年史』森永製菓、1954年、418～419ページ、明治製菓社史編集委員会編『明治製菓の歩み〈創立から50年〉』明治製菓、1968年、292～293ページ、江崎グリコ株式会社編『創意工夫――江崎グリコ70年史――』江崎グリコ株式会社、1992年、332ページ、および表２から作成。

の規模は小さいといっていいだろう。しかし、グリコの設立が1921年であることを加味してみると、その成長は著しいといえる。また、1931年以降の売上高・シェアを森永・明治のそれと比較しても、この時期には、グリコは洋菓子産業でも中堅上位の位置を占めていたことは疑いの余地はない。それ故、グリコは、十分に検討に価する企業であると考える。

３．戦前の洋菓子産業における対市場政策

森永製菓、江崎グリコ、明治製菓の対市場活動をそれぞれの４Ｐに則して考察することによって、戦前にマーケティングが展開されていたのかどうかを検証する。まず、森永製菓の戦前の対市場活動について検討していく。森永製菓については、すでに、小原博氏によって分析がなされているので参考にさせていただいた[30)]。

（1）森永製菓

アメリカに約2年滞在した後、1899年、帰国した森永太一郎は、東京・赤坂に森永西洋菓子製造所を設立したが、それは約2坪ほどの作業所で、手工業的なマシュマロ生産をはじめたのち、チョコレートクリーム、キャラメルなどを随時生産していった[31)]。我国では日清戦争を契機にビスケットやパンが生産されてはいたが、いまだに一般大衆にはなれそめの薄い舶来ものの代表たる「洋菓子」の本格的な製造・販売に着手したのである。

1905年に松崎半三郎が支配人として森永製菓に入店してきた。ここに、製造は森永太一郎、営業は松崎半三郎という二人三脚のコンビが結成された[32)]。松崎は、入店の条件の一つに「個人事業では発展に限度があるから近い将来に機を見て株式組織に改める」[33)]ことをあげたのであるが、1910年には、早くもそれが実現し、株式会社森永商店が設立され、さらに、1912年には森永製菓株式会社と改称されるにいたった[34)]。ここに、松崎半三郎曰く「科学的経営の時代に一歩ふみ込む」[35)]ことになったのである。

①経営理念

森永太一郎は、商人としての心構えを若年のころから培ってきた。それは、「いかなる場合にも正当な品のみを扱い、決して不正直なものを売買してはならぬ」[36)]こと、「商人は絶対に掛値をしてはならない、いつも正値で販売しなくてはならない」[37)]という正札主義であること、目先の利益にはしらず長期的に物事を判断すること[38)]などを中心としたものである。これは、マーケティング・コンセプトの一つの柱である利潤志向と共通するものがあると指摘しておきたい。

また、森永太一郎と松崎半三郎は「共存共栄、営利と公益の一致」[39] という考えで一致し、これを強調した。この共存共栄の内容は、当初は「翁の実践されたこの事業精神即ち社会正義に立脚して事業を行ふといふ精神を以て今後とも我社が一貫してゆかなければならないと考へるし、さうしてはじめて我社の繁栄があるといふことを信ずるのである」[40] という社会正義に立脚し、企業の繁栄を図るという考えが中心であった。それが、1928年（昭和３年）、森永ベルトライン設立の時には、「此の事業に対しては勿論森永本社も販売会社もベルトライン加入者も常に共存共栄の観念を持ち消費者の利益を図ることに専念協力一致して努力するならば数年後には全く面目を一新した森永ベルトラインストアが美しく輝かしく燦たる結晶を全国的に現出する」[41] というものへとなる。これは、社会正義たる経営理念をもち、販売会社、小売店、及び消費者との共存共栄と拡大しただけでなく、事業の成功は消費者の利益をも加味して成し遂げられるという現在の消費者志向に通ずるものといえよう。

現に、初期のころの森永太一郎が厳密なまでに原材料にこだわったこと、現金販売にこだわりいくつかの小売店ともめた[42]、などに経営理念が反映していたのである。

また、キャラメル[43] 発売・普及の過程で「ポケット入を売出すに際して、最初印刷缶入りとしたのも、製造した当時の味と形を消費者の口に入る迄保ちたい」[44] という考えがまずあった。これは、消費者に良い品質のものを届けたいという消費者志向の考えが背景にあったといえるであろう。しかし、この缶入りは10粒10銭であったが、「真実の大衆品の為には、どうしても缶の容器を紙サックに改めなければならないという意見が起こって来た。……森永翁も高木取締役も賛成するに至ったが、製品の安定性については、はっきりした自信はなかったのである。なんといっても缶入ポケット・キャラメルは十粒入で十銭なのだから、之れで将来の売上を伸ばさうといふことは無理である。紙サックは二十粒入で十銭で売れ、値段は二分の一となって良いこと」[45]であるというのである。しかし、はじめに危惧されたように、夏場になると戻品の山となる。「お得意にこんな迷惑をかけては甚だ相済まぬ」[46]という思いから、品質の向上と包装技術の向上へ一層研究心を奮い起こしたのである。

このような一連の流れを考察すれば、森永製菓においては、消費者志向的な理念が存在していたといえるであろう。しかし、現実には企業の利益（例えば、売上げ増やコスト減）と消費者の利益とが相反するとき企業の論理が働き、企業の利益が優先されて、見切り発車のようになったのである。これはマーケティング・コンセプトが内在する消費者志向と利潤志向の矛盾が典型的に噴き出した証左といえるだろう。

②製品政策

森永の製品政策でまず述べておきたいことは、1907年（明治40年）、菓子製造の機械化を始めたことである。これは当時の家内工業的菓子製造が主流の中にあって画期的であった。しかしそれだけではなく、菓子製造の機械化は、「同時に大量生産を意味するので、販売にも、経理事務にも新しい組織的な方法を採り入れる必要が起り、森永の事業は漸次小規模生産から大規模生産に移って行った」[47]のである。これは、機械化による大量生産の実現が大量販売の必要を生んでくるという問題を、すでに森永は認識していたと思われる。これは、あとでみるように販売経路政策に多大な努力を惜しまなかったことを見てもあきらかであるが、松崎半三郎の以下の言を見ればより的確にわかるであろう。「元来製造と販売とは車の両輪であって、どちらの一つがかけても事業といふものはうまく行かない」[48]のである。

森永は、菓子製造業を独立の事業として「国家に貢献し大衆の利益に寄与したいといふ大きな夢」[49]をもち、「事業化するためには、製造の機械化によってコストを引下げ、日用品として国民生活の必需品とする」[50]ことで達成しようとした。つまり、森永は洋菓子の大衆化を大量生産・大量販売で実現しようとした。

松崎半三郎は、２回の洋行を通じて森永は多品種の洋菓子を生産する綜合経営をめざすべきであると結論づけた。当時の欧米では「生産種目が大体に於て一品に限られてゐる」[51]のであったが、日本の場合は事情が異なり「国内市場は狭くて消費の量は乏しく、且つ海外輸出によって英米の牙城に迫ることは容易のことではない。かういふ環境を考へると、私は日本では斯様な単品生産方式は模倣すべきではなく、どうしても綜合経営方式を採らねばならないと判断」[52]したのである。これは、前述の国内市場事情の問題もあるが、「日本の気候といふこともまたその大きい原因」[53]であった。

この方針のもとで、「鶴見工場では主としてキャラメル、チョコレート、ビスケット、ドロップ等をやり、塚口工場ではキャラメル、ビスケット、掛物等を主としてやった」[54]。そして、この綜合経営方式は、販売面から見ても、「一社が各種の製品を配給することができれば、販売店としても仕入れの上でもいろいろな便利を受ける」[55]と、流通経路政策での相乗効果についても言及されている。

このように、多品種生産により製品が多様化したが、それぞれの製品の特長と「砂糖よりも飴類を嗜好する習性をもつ」[56]日本人の嗜好を考えたとき「キャラメルこそ大いにその将来を期待することができるもの」[57]と結論づけた。キャラメルは創業当初から作られていたが、主力商品にすべく、製品自体の改良、保存に必要なパッケージの改良、大衆化するための外包の工夫等が行われ、1914年（大正3年）、紙サック入りキャラメル20粒入り10銭で発売されるにいたった[58]。

森永の製品政策においては、先述の経営理念が、色濃く反映されていたといえよう。つまり、より良い製品をより良い形で消費者にとどけるのが製造者のモラールである[59]、と考えていた。また、日本人の嗜好を研究したりもしている。これらはある意味において、消費者を志向していたといえるが、まず、良い製品をつくりたいという願望が先にあったのではなかろうか。しかし、これらの製品政策は、松崎の「製造と販売は車の両輪」という言葉を見ても、他の対市場政策と相互に補完しあって成り立っていたことが明らかになった。

③価格政策

さて、森永の価格政策の特徴は、経営理念ともいえる正札販売をあげることができる。つまり、これは、価格を維持することを意味する。これは再販売価格維持制により、価格を安定させ、最大利潤の獲得につなげようと見ることができる。もちろんこれは、優良な製品をとどけるという前提があり、ここに価格政策と製品政策の緊密な関係があることは指摘するまでもないだろう。そして、飛行機宣伝を実行したときの事情を見るまでもなく価格を維持するために他の政策が補完してきたことは疑いようもない。

再販売価格を維持するという政策は、必然的に非価格競争の政策領域である流通経路政策、プロモーション政策、製品政策を活発化させることになる。こうした傾向は森永の活発な流通経路政策、プロモーション政策の展開からも確認できるであろう。

④流通経路政策

日本の菓子は、伝統的な和菓子にも見られるように、生産、流通、消費とも狭い範囲での取引が中心であった。洋菓子の販売もまたそうした既存の流通機構に委ねるところから始まっている。森永製菓の場合も、創立当初は地元組織的な販売網をもたず食料品販売小売店に直接販売していた。しかし、1903年（明治36年）第5回内国勧業博覧会（於：大阪）に出品以来、松本伊兵衛商店を関西方面の一手特約店として関西に販路を拡げた[60]。また、1907年頃には東北地方に販路を拡げるために、木村政吉商店、青木金六商店、入村商店等の問屋の力を借りたり、同年頃の東京方面の販売は主に古屋商店が行っていた[61]。販売網が増えるにしたがい、問屋の力をかりて販売先を統制する方策を採っていった。そして、森永製菓は、関西方面での一手特約店制をやめ、1914年に大阪の特約店10商店をもって森友会を組織し[62]、1920年には、これを改組して特約店5店（中川、三木、三宅、奥野、浜田）で大阪雄心会をつくった。1915年、東京に特約店8社（田村、柳田、木村、小川、古谷、茂木、田中、入村）の団体として森永信厚会を設立し、同時にその下部組織である準特約店に清和会という名称の仲卸問屋の団体をつくり[63]、特約店販売網を整備していった。

しかし、松崎半三郎は、「こと販売に関すると相当大きな力を持った相手にこちらのいうことをきいてもらわなくては、こちらがどのように思っても自分の意志を貫くことができない」[64]と考えており、いずれは販売会社の設立をと考えていたようである。この構想は、東京菓子会社（後の明治製菓）の設立と関連して森永信厚会が専属的な特約契約をやめて、明治製菓の製品も扱いたいと言いだし、結局、信厚会と森永が絶縁状態になったのを契機として、急速に実現へと向ったのである[65]。このことは、松崎半三郎が、流通経路での主導権を得ることが森永製菓の発展に不可欠であると認識していたからである。

話は前後するが、森永信厚会との特約契約は、「森永の類似製品はこれを販売してはならぬ取極めで、代りに取引上特別有利な条件をあたへられて」[66]いた。これは、当時としてはかなり厳しい契約であると思う。しかし、松崎半三郎はこの原則こそが、「信厚会結成の根本目的」[67]であったと述べている。

こうして、1914年に大阪で組織された森友会を、1922年（大正11年)、株式会社組織の販売会社に改組し、翌1923年、社名を森永製品関西販売株式会社と改めた[68]。これが販売会社の皮切りで、その後「昭和４年までに内外地を合わせて23の販売会社が設立された」[69]のである。こうして、「販売者制度を確立して、森永は始めて製造から販売に至る総ての商権」[70]を手中におさめた。

これと平行して、松崎半三郎は、小売店段階の組織化をはかった。これはまず、直営売店としてはじまり、後に小売店をその組織に組み込んで、1928年（昭和３年）の森永ベルトラインストアの創立へとつながった[71]。そして、「このベルトラインストアは全国にその数四千余となって他店の模範となり、大いに所期の目的実現に貢献したのであったが、戦争中統制等の事情のため一時其の運営が休止」[72]され、未だ再開されていない。

松崎半三朗は1918年および1921年の二回の洋行をとおして、欧米の菓子店がチェーンストアあるいはボランタリーチェーンストアの形態をおこなっていることを知った。その活動を積極的に採り入れてできたのが森永ベルトラインストアであり、以下がその特徴である。第一に、その目的は森永製品の実物宣伝だけでなく、菓子店の近代的経営のあり方についての模範をねらったこと[73]。森永の類似品を取り扱わないという条件の見返りに、森永の看板のもとに、店内装備の改善、接客術の指導、広告宣伝の応援等が得られという製造業者主導のチェーンストアであったことなどである[74]。

このように、森永は強力な販売組織を構築することに多大の労力を惜しまなかった。森永が構築した強力な販売組織は、他の対市場活動とともに相互に補完しあい統合され、森永の発展に大いに貢献したことは疑いのないところである。

⑤プロモーション政策

森永は実に多彩なプロモーション活動を行っている。1904年（明治37年）には、森永は最初の新聞広告を出しているが、1907年（明治40）年には「東京市内と全国の小売店五六十軒の所番地と名前を列べてあった。この一頁新聞広告は非常な威力を発揮して果然市民の間に西洋菓子に対する興味と好奇心をそそり、七月の売上げは一躍七千圓に増し」[75] たのである。この経験をとおして、森永では広告の重要性を認識したのである。

特筆すべきことは、1931年（昭和６年）に、飛行機宣伝をしたことである。当時は「井上緊縮財政の時分で購買力が低下し……明治その他の会社が競って十銭の定価を八銭に値下げして値段で競争するといふ時代を現出していた。社内にも随分対抗策として値下げ説をなすものがあったが、私は断然十銭維持の強硬方針を決定し、他社に対してはあくまで宣伝広告で対抗することを命じた。……秘策を練って実行したのが飛行機宣伝で、販売の方では之を飛行機セールと称し、販売会社ベルトラインの全組織を動員して之に当った」[76] のである。つまり、価格競争を行わず、強力な宣伝に強力な販売組織をサポートさせることをもって成功させた。この事例はセンセイショナルな宣伝を販売組織に協力させただけでなく、経営理念ともなっている優良な品質による正札販売を維持した点においても画期的であった。つまり、４つの諸政策が相互に補完されて統合され、企業の経営理念を貫徹したのである。

その他にも、先述したベルトラインストアにおける、店内装備の改善、接客術の指導、広告宣伝の応援等も狭義のセールス・プロモーションといえるであろう。

ともかく、プロモーション政策においても他の政策と相互に補完しあっていたことが如実に現れていた。

（2）江崎グリコ

江崎グリコの創立記念日は、大阪の三越でグリコが販売された1922年（大正11年）２月11日とされているが、実際に江崎利一が一家をあげて佐賀から上阪して合名会社江崎商店を設立したのは、1921年（大正10年）４月３日のことであった[77)]。1923年（大正12年）には東京出張所を開設するが、一度失敗し、1926年（大正15年）に東京出張所を再開することになる[78)]。1929年（昭和４年）には、資本金100万円で株式会社江崎に改組して、1937年（昭和12年）には資本金を200万円に増資し、1941年（昭和16年）には資本金を250万円に増資していく、そして1943年（昭和18年）現社名である江崎グリコ株式会社へと社名を変更している[79)]。なお、以下ではキャラメル状の菓子、グリコの対市場政策を中心に検討したい。

①経営理念

江崎利一は、若年のころに楢村佐代吉という人に商売について次のような教えを受け、感銘を受け、それを信念としてきた。それは、「商売というものは、自分のためにあるとともに世の中のためにあるものだ。商品を売る人は物を売って利益を得るが、買う人もまたそれだけのネウチの物を買って得をする。この持ちつ持たれつの間柄、共存共栄がなかったら、ほんとうの意味の商売は成り立たないし、発展もない。商売で大成しようとするものは決してこのことを忘れてはならない」[80)]からだという。つまり、江崎利一は、この教えを「奉仕による相互利益こそ商売の神髄」[81)]と受け止めて、それを信念としてきたといえる。

また江崎利一が家業の薬屋を継ぐ前後は、薬種業だけではなかなか生活が楽にならず、佐賀では朝食に茶かゆを食べる習慣があり、塩は欠かせないものであったため、早朝の塩売りをおこなったり、筆と机があれば開業することのできた登記代書業をはじめたりという経験を通して、創意工夫の大切さを知ることになった[82)]。

ちなみに、当初の社是は「食品による国民健康運動」[83)]であり、1938年（昭和13年）に会社発展の原動力は何であったかを探求し「質実剛健」、「勤倹力行」、「不屈邁進」、「創意創造」にまとめたのが社訓の原形であった[84)]。

このように、江崎利一は若年のころの教えにより、商売の神髄は奉仕による相互利益だと確信し、グリコーゲンとの出会いによってそれは「食品による国民健康運動」という具体的な目標となったといえるであろう。そして、それを達成するために、自分の経験から培われた創意工夫、当時の社訓では「創意創造」という言葉が江崎グリコの対市場活動に大きな影響をあたえたといえよう。

②製品政策

江崎利一は、同じ佐賀県出身の先輩である森永太一が創った森永製菓に「負けないものをつくりたいと念願し、ひそかにこの郷里の大先輩を追い抜くことを目標にしていた」[85]のだという。これは、戦前の江崎グリコの主力商品[86]であるキャラメル状の菓子グリコとビスケット状の菓子ビスコの製品政策に影響をあたえた。具体的にいえば、製品差別化として体現されたといえる。

江崎利一はカキの煮汁に含まれた栄養価の高いグリコーゲンをなんらかの形で製品化したいと考えていたが、「グリコーゲンを一番必要とするのは育ち盛りの子供である。それならば子供が喜ぶ菓子の中に入れて嗜好品を売ったらどうか」[87]と思い立った。そして、当時人気急上昇だったキャラメルに織り込んで、栄養菓子グリコをつくることになったが、以下で詳しく検討する。

まず名称についてだが、グリコーゲンを含んでいるので、「グリコ」としたいと利一は考えていたが、「グリコキャラメル」のほうが分かりやすく、また、少しは他社の売上げに便乗して売れるのではないかという周辺の意見も強かった[88]。しかし、利一は「グリコはキャラメルではなく栄養菓子である。先発各社と違う点を強調する名前でなければ先発２社を追い越すことはできない」[89]と主張して、グリコと命名した。

江崎利一は他社にないものをつくりたいと、飴の形にもこだわり、「ハート型」の飴を模作した。利一は、「ハートは人体の中心であり、真心を表す。栄養菓子グリコの象徴としてこれ以上の形はない」[90]と考えていた。そして、試行錯誤のすえ、ハート型の飴を完成させたのである。

次に、箱の色についてどうであったろうか。先発、森永の箱の色は黄色で、他社も同じようなものであった。しかし、利一は「黄色では他社を追い越すことができない。『あっ、グリコだ！』とすぐ分かるもの」[91]にしたい。そこで「赤色なら最高に人目を引き、しかも食欲をそそる色だ」[92] と考え、赤色を採用した。

利一は、商標やスローガンについても試行錯誤している。まず商標については、「スポーツこそ健康への近道だ。子供の遊びの本能もスポーツにつながっている。ゴールインの姿はそれらの象徴ではないか」[93] と思った。小学校での人気投票や後日の聞き取り調査でゴールインマークが圧倒的な支持を得たという裏付けもあり、ゴールインマークを商標として採用した。スローガンについては「栄養菓子グリコの性格を十分に表したものでなければならない」[94] と考え、グリコは「おおよそ二、三百メートル走れるだけのカロリー」[95] があろうから、「一粒三百米突」[96] というキャッチフレーズができあがった。こうしてグリコは販売されるにいたったのである。

グリコは販売されたが、当初はあまり売れなかった。その原因として、味が今一つ良くないという指摘を小売店からうけた。そこで、子供たちが好む味の改良に取り組んだのである。1923年（大正12年）、試行錯誤ののち、「ミルク、チョコレート、柑橘系の香料をミックスして独特の味を完成させることができた。以後順調に売り上げは伸びていった」[97] のである。

グリコのもう一つの製品政策の大きな特徴としてあげられるのはオマケを付けたことである。これは「子供にとって食べることと遊ぶことは二大天職である。栄養菓子グリコは、発育盛りの子供の栄養補給源になる。その上おもちゃである豆玩具を一つの箱に入れれば、子供の知識と情操を向上させ、心の健やかな発育に役立つ」[98] という発想からきている。

1927年（昭和２年）から本格的にオマケを封入する前に、「大阪市内の幼稚園の先生たちに（オマケを）選んでもらったり、意見を聞いたり」[99] と調査研究を行っている。

ここまでグリコの製品政策についてみてきたが、その特徴として、徹底的に先発各社との製品差別化を実行した点があげられる。これは、グリコをキャラメルという市場でのポジションに置かず栄養菓子というポジションをとった点、グリコの飴の形やパッケージ、オマケなどに見受けられる。これは当時のグリコの社訓「創意創造」を体現したものといえるであろう。また、子供という標的市場を意識して製品政策を推し進めていた。たとえば、商標を決める際に、きわめて小規模ではあるが、子供の嗜好調査をおこないその結果を反映させている点などがあげられる。

もちろん、これらの製品政策は、経営理念に大きく影響されているし、他の市場活動とも相互に補完しながら相乗作用（例えば、オマケの付加は、厳密な意味では製品政策の範疇に入れるべきであるが、プロモーション政策や価格政策におおいに影響をあたえていたことはまちがいない）を引き起こしていたのはいうまでもない。

③価格政策

江崎利一の回顧によれば、「戦前のグリコは、五銭売りの利益として三厘ないし三厘五毛を計上」[100] していたという。利一は、この利益を薄利であると認識していた。そして、森永などと比べて小資本であるとの認識をも加味して、次のように述べている。「商戦での正攻法とは何よりも損をしない備えである。厘毛のマイナスもカバーしつくして、厘毛の利ものがさないという万端の用意である。これならどんな長期戦にも対応することができる。また長期戦に耐え得られれば、必ず勝つことができるのである」[101] と述べている。これは、簡単に言えばコストを押さえ、利益をだすということである。つまり、江崎グリコではコストを非常に意識し、損をださないという価格政策を行っていたといえる。ここに利潤志向が現れているといえるだろう。また、社訓の勤倹力行という精神にもつながってくる。

上述の江崎グリコの価格政策の特徴は、東京再進出のときに実施された方針に如実に現れている。それは、「小売店へのサービス（建値引き下げではなく景品をサービス）を強化して取引店を増やす」[102]という施策であった。東京再進出に際しておこなわれた調査で「小売サイドでは卸値が高すぎると考えている」[103]という結果が出ているにもかかわらず、この価格政策は実施された。この施策は、非価格競争の特徴を有しており、江崎グリコが、非価格競争を指向し、再販売価格維持制を実現したかったという証左になるのであろう。

④流通経路政策

江崎利一は、グリコを売り出すにあたって、天下の三越[104]で売ろうと考えた。利一は、当時を振り返って次のように回顧している。「私は突飛なことを考えた。『天下の三越で売ろう』……なぜ三越で売るか考えついたのか。最高の環境で売れば、商品に最高のハク・信用がつくと考えたのだ。『三越で売っているグリコ』となれば一般市民も信用し、親しんでたべてくれるだろう」[105]と考えたのである。

また、三越で販売されれば、販路拡大に効果的であると考えていた。江崎利一は、「三越の大阪店も当時、最高の存在だった。いわゆる金持ちの最も利用する百貨店であった。この“小売店の頂上”から転がり落とせば、あとは末広がりである」[106]と考えた。つまり、一つ一つ販売店を増やしていくよりも、「三越で売っている」という信用を背景に販売店の拡大をはかるほうが効果的と考えたのである。

三越との交渉は、簡単なことではなかったが、利一の粘り勝ちで、1922年（大正11年）２月11日に、はじめてグリコが三越で販売された。

三越での販売実績は、他の小売店へのプロモーション政策として活用され、「ほとんどの店で『三越でも売っているものなら』とグリコをおいてくれた」[107]のである。やがて、高島屋、大丸等の百貨店への売り込みに成功し、菓子店、食料品店、文房具店などに売り込んでいった[108]。

1925年（大正14年）には「問屋に対する積極的な拡売で、３月になると地方を中心に注文が殺到した」[109]が、「この年の夏の初めから、翌年にかけて返品が続々ときた。威勢のいい出荷は、あくまで問屋からの注文であって、末端での回転をともなった売り上げではなかった」[110]のである。この返品の山は、グリコにとっては死活問題となった。こうした経験の後、菓子店、文房具屋などの小売店を中心的として販路拡大を試みていった。

1930年（昭和５年）頃に、すでに東京へ進出していたが、問屋抜きで、三越・白木屋・高島屋などのデパート、木村屋パン等の有名店や菓子店、文房具店約5,000店と直接取り引きしていたが、年間売上げは約10万円で、グリコの総売上の一割程度であった[111]。

翌年に、東京支店長に就任した江崎利一の弟、江崎清六は、東京における小売直売に限界を感じたのか、厳選された問屋などの20店の特約店制の導入を実施した[112]。この後、東京での販売も増大する。

さて、ここまでのことから流通経路政策についていえることは、まず、三越での販売を通してグリコの信用を得ようとした。また、グリコの創立当初は、小売店に直接販売する手法が主流であった。しかし、販売量が伸びるにしたがい、東京で見受けられたような、小売直売による販路の拡張に限界を感じ、特約店制との並存へと展開したのである。この流通経路政策は単独で行われたわけではなく、大阪三越での販売が他店へのプロモーション活動になったように、他の対市場政策と統合されて展開されたことを指摘しておきたい。

⑤プロモーション政策

江崎グリコのプロモーション政策では新奇にとんだ活動が展開されている。江崎利一は、井関十二郎が主宰した「実業界」、清水正巳が主宰した「商店界」などの雑誌から学んだ広告論、経営論、心理学、催眠術、気合術、暗示術などを応用してプロモーション政策をおこなったと回顧している[113]。清水正巳などは３回の欧米視察をとおして、チェーン・ストアやデパートメント・ストアの経営法、広告重視の姿勢、お客様本位主義の商品陳列などの販売手法を日本に報告している[114]。つまり、利一は上述の雑誌等をつうじて日本にいながらアメリカの広告・販売技法の事情について知見を深めることができた。

以下ではいくつかの当時としては独創的な事例を紹介しておこう。まず狭義のセールス・プロモーション活動として、第１に、割引券付き引札があげられる。これは「引札（チラシ）のすみに割引券をつけ、この割引券と４銭で、５銭のグリコ１箱を差し上げる」[115] というもので、当時、すでに知名度が高かった森永ミルクキャラメルに、広告で対抗しても勝ち目がないとして考案された。お客様は子供だからと、割引券付き引札は主として小学校の校門前や運動会の会場などで配布され、売上げ増大に貢献した[116]。これは、今日でいうクーポンの原形といえるであろう。

第２に、風味袋と有料サンプルがあげられる。風味袋は小さな袋にグリコ２粒を入れ、製品の特徴を印刷し、百貨店や小売店に並べたもので、今日でいう試食サンプルである。有料サンプルは風味袋から発展したもので、２粒入り１銭、４粒入り２銭の小箱で、利益よりもグリコの味を広めることを主たる目的としたものであった[117]。

第3に、グリコが発売された1922年（大正11年）に、自動販売機の前身といえる公徳販売機を大阪湾に面した浜寺海水浴場に設置したことである。これは神社のおみくじにヒントを得た、木製の販売機であった。この販売機は後に、大阪市内の病院の待合室にも配置され、おおいに成果を上げた[118]。また、1931年（昭和6年）には、映画付きグリコ自動販売機を100台つくり、「東京市内の百貨店、公園、地下鉄に設置した。百貨店からの設置申し込みは多く、これをきっかけに取引が始まったところもあり、これらチャネルの売り上げは急上昇した」[119]のである。また、「10銭売りのグリコが2銭安く買える上に映画まで見れる」[120]と評判になった。

第4に、1932年（昭和7年）から1940年まで実施した引換賞品である。これは、「オマケつきで満足してもらえるのはせいぜい小2～3年生までである。小学校上級生や中学生に栄養菓子グリコをおいしく食べて、かつ遊ぶ楽しみを味わってもらうには」[121]引換証を集めて枚数に応じて賞品を進呈するほうが良いであろうと実施された。さて、オマケは、「その成り立ちからして景品ではなく、菓子と一体の製品である」[122]と認識されていたが、引換賞品は成り立ち、引換方法から見てもセールス・プロモーションの範疇にはいると思う。

次に、人的販売活動として注目されるのは、セールスマニュアルを作製していた点である。このマニュアルの中でもとくに「①注文をもらったら、なるべくボール箱のまま自分で陳列する。②製品は店先の目立つところに置くこと。後ろの3倍も5倍も売れる。③ポスターは店の人に頼まず、一番目立つところに自分で貼る」[123]という指示が出されている点に注目したい。これらの活動は、先述の『商店界』などからの知識を棚卸や商品陳列を補助するときに応用していた証左である。

次に、広告活動では、映画や紙芝居なども宣伝に利用したが、新聞の豆文広告とネオン広告に注目したい。

1932年（昭和７年）頃のグリコの広告予算は「屋外広告を含めて16～17万円で、目標とする森永製菓や明治製菓に比べて大差があった。……そこで、広告掲載頻度を高め、一流広告主に並んで読者の目にとまる手法として、１寸（3.3cm）角に簡単な字句とイラストを配した広告を開発して、これを連続的に新聞に掲載することとした」[124)]、この広告が豆文広告である。これは、1933年４月から本格的に掲載を始め、当時の新聞広告の傑作と称せられた[125)]。

ネオン広告の原形は、大阪や東京の工場の煙突に大書した看板に求められる。当時としては非常に珍しい工夫で、「工場そのものを広告媒体として利用」[126)]している点でも面白いものであった。この工場を広告媒体として利用することについては、そのコストと効果についても検討されて、「当時チラシ一枚は、配布の経費までいれて五厘かかったが、工場をながめる人の方は八毛となる。かりに効果が同じとすれば、費用は六分の一ですむ」[127)]のであった。こうして、この広告方法は、工場の立地政策にも大きな影響をあたえたといえる。

その後、昭和６年には浅草雷門近くに、昭和10年には大阪道頓堀、戎橋そばにネオン広告を建てたのである[128)]。

プロモーション活動を見ても、社訓の創意創造がいたるところにみうけられる。また、アメリカなどのプロモーション活動の技法を雑誌などから吸収し、グリコのプロモーション活動に役立てていたといえる。そして、これまで検証してきたように、割引券付引札は価格政策に影響をあたえたであろうし、自動販売機の設置などは、流通経路政策としても役立った。また、工場立地政策とプロモーション活動は深い関係にあったといえる。このように、プロモーション政策とその他の対市場政策は密接な関係にあったことが明らかになった。

（3）明治製菓株式会社

1916（大正５）年頃の洋菓子業界は、第一次世界大戦のたけなわで「欧州各国が其以前に於て東南洋に輸出せし約一千萬圓の菓子類も戦乱の為め同方面への供給一時杜絶し、其の補給を我が国に仰がんとするに至りしが、當時我が国製菓事業の状態は技術頗る幼稚にして到底外國製品に拮抗する能はず、僅かに森永製菓及び東洋製菓の稍々頭角を見せるのみ」[129)]であった。

こうした状況に呼応するかのように、まず、1916年10月に東京菓子が資本金100万円をもって、当時の財界の有力者であった浜口吉兵衛や馬越恭平等によって設立された[130)]。玉城、井上両氏によると、東京菓子の設立は市場拡大を基盤とする企業化というだけでなく、当時、森永と取引のあった有力問屋の森永への対抗的性格を多分に含んでいたといわれている[131)]。

続いて、1916年12月に明治製菓の前進である大正製菓が資本金150万円をもって、明治製糖によって設立された。明治製糖は「最初ハ粗糖ノミヲ目的トシタ当社モ、販路拡張ノ必要上……更ニ一歩ヲ進メテ製菓糖果ノ事業ヲ今ヨリ鋭意之ニ着手ス可キモノナリト信ズ」[132)]という考えのもと、砂糖販路拡張を重要な目的の一つとして大正製菓を設立した。

その後すぐに両社間の関係者間で、合併談が進行し、1917年１月に両社は事実上合併し、明治製糖が過半数の株を所有する、資本金250万円の「東京菓子株式会社」が成立したが、1924（大正13）年には、社名を明治製菓株式会社と改名した[133)]。

明治製菓への社名変更の理由としては「当社の姉妹会社にして、かつ原料砂糖の供給者たる明治製糖会社および同社ならびに当社の販売機関たる明治商店との関係を一層明瞭にする」[134] ことにあったといわれている。こうして明治製糖の子会社的立場を明確にした明治製菓が成立し、原料の明治製糖、製造の明治製菓、販売の明治商店（後の明治商事)、その他傍系会社等が資本関係を密接に結びつけながら「大明治」を形成し、展開することになったのである[135]。

①経営理念

「大明治」の社風として次のようなものがあげられる。まず、「大明治の創業者である相馬半治氏は身を簡素に保って質実剛健、協力一致の社風を振るい起し、……有島健助氏の提唱された至誠奉仕とはいわゆる大明治精神の両輪というべく、大明治各社（昭和15年３月現在20社に及ぶ）に一貫した事業精神」[136] というものがある。これらは、明治製菓を含む「大明治関連会社」に影響を及ぼしたといえるであろう。また、明治製菓は、「国民の栄養保健と食品文化の向上に奉仕する」[137] といった使命を旗印としていた。

こうした文言のほかに、有島氏は、より具体的には「製菓業者の理想の一つは『良品を廉価に』……良い、美味しいお菓子を、廉くてドツサリお客様のまへに提供」[138] することが根本理想の一つであると述べている。これを現実のものとするには大量生産が必要であることを認識していた[139]。しかし、これだけが「需要心理の一切かといふに、強ちさうとは極らない…各種無限の相異つた嗜好要求があるのである。更にお菓子の大小に、形状に、色彩に、…包装に、レツテルに、容れ物に、生まれて来るわけなので、これは前に述べた商品単純化の理想に対し、全然その反対の位置傾向を辿るところの、所謂趣味の複雑化なるもの」[140] の重要性も認識している。こうした、単純化と複雑化は、製菓業において、「前者は『良品廉価』への経済的努力として現はれ、後者は主として多様多端なる『人間の趣味的満足』への努力として、動いてゆくほかないのです。この相矛盾した二つの流れを、彼此互に相調和せしめて、人間本来の要求に、なるべく、接近した製品を作り出す事」[141]を目標にお菓子づくりをしていたというのである。

つまり、明治製菓では大量生産によるコスト削減を基本におきながら、消費者の多様な欲求を満足させる製品造りといった消費者志向的な考えが存在したといえるだろう。

②製品政策

明治製菓の製品政策は、上述の経営理念と密接に関連していたといえる。

まず、1916（大正6）年に東京府豊多摩郡大久保町に建設されてた大久保工場では製造機械の主要部分を外国製品でしめ、開業当時の製造日産能力ビスケット1,800kg、キングキャラメル360kg、掛物2,500kg、乾燥物800kgでもって操業をはじめ、創業期らしい苦労を重ねながら、キャラメル・ビスケット・ドロップ各種・キャンデー・乾燥物・掛物等を発売していく[142]。1924（大正13）年ごろになると大久保工場では「各種ビスケット・カルミン・ドロップ・マーブル・ウェファー等数10種におよび、また、キャラメルの製造日産高は、540瓩から900瓩に増加して」[143]いたという。

大久保工場が1925（大正14）年4月の火災で大打撃を受けた後、同年6月には計画の予定を早めて、川崎工場を開設し、より強固な大量生産体制を構築していくのだが、同年10月の川崎工場の稼働によって、「これまで販売されていた製品の生産増加と品質の向上はいうまでもなかったが、とりわけキャラメル類では、……サイコロキャラメル（昭和２年10月製造販売）、当社の三大キャラメル商品となった明治キャラメル（昭和４年９月発売）、チョコレートキャラメル（昭和２年１月発売）、およびクリームキャラメル（昭和９年10月発売）の発売、ビスケット類おける上級ソフト物の製造と各種詰め合わせ進物缶の進出、わけてもチョコレートの大規模な製造はわが国チョコレート工業発展の口火をきったものといってよく、昭和７年には同業各社にさきがけて、板チョコの増量生産」[144] をし、新製品を送りだしていった。

1936（昭和11）年頃の明治製菓主要製品一覧表を見てみると、チョコレート29銘柄、キャラメル８銘柄、ドロップ６銘柄、カルミン４銘柄、乾燥物３銘柄、ビスケット72銘柄、ウェファー４銘柄、掛物19銘柄，ヌガー類11銘柄、合計156銘柄の主要菓子製品を生産していた[145]。これだけにはとどまらず、「昭和11年にはパイルチョコ・コーヒーキャラメル・ペパーミント・ピーナッツヌガー・プライムサンドイッチ・オレンジドロップ・エペーウェファーその他の新品、昭和12年にはレモンキャラメル・ミキストサンド・リッチウェファー・ココレットその他、昭和13年にはミルクココア・アソートキャンデー缶入、およびチョコレート・ビスケット進物各種等の新品がぞくぞくと生産販売」[146] されたのである。以上のことからみても、明治製菓では製品多様化が製品政策の根幹を成していたといえるだろう。これは、多様な欲求に応えようと、実にきめ細やかな製品造りが行われていたことを意味する。まさに本格的な製品政策が展開されていたといえる。また、今日の基準からみても、信じられないほどの新製品を造り出して需要創造を図っていたことは明らかである。

また、品質の向上を図るために、開設当初の大久保工場では、キャンデー製造技師として米国人のベートリックを、川崎工場ではドイツからチョコレート技師のキャスバリ、及びビスケット技師のベースを招いている[147]。また、海外技術導入のため、「大正6年の福島四一郎欧米派遣を最初として、大正11年取締役秋田悦太氏を海外に派遣し、欧米製菓業を視察せしめ、……（昭和）5年には浦島亀太郎技師がベルリン世界動力会議及びブラッセル市第2回万国ココア・チョコレート会議に出席をかね欧米視察」[148]の途についたのである。こうして、明治製菓では品質の向上と海外技術の導入を積極的に展開した。

さらに、1916（大正5）年製乳部門に進出・拡張していき、1936年（昭和11）年には各種缶詰生産を中心とした食品部門を設置した[149]。このように事業の多角化も行っていたのである。

製品造りに関連して、有島氏によれば菓子選択には標準があり、その「選択要素を㈠美感、㈡体裁、㈢単純、㈣衛生、㈤栄養の五点に置いて選択すれば宜しいと思ふ。而して此の五要素を具備するものが菓子として良好なるもの」[150]であるという。これらのうち美感と体裁についてみてみると、ここでいう美感とは快感であり、「その爽快に感ずるのは視覚、聴覚、嗅覚、味覚、触覚の各感覚の作用に依る……文明が進むに伴ひ美感の観念は五感の総動員を要求する……近代的菓子の特徴は簡単なる快感ではなく複雑な快感を誘致してをる。吾人は……大いに創意を発揮し最も進歩したる近代的にして且つ世界的の菓子を製造せねばならない」[151]と述べている。また、体裁は美感の一種で、形、色彩、調和、重量等であり、「近代的菓子は大いに注意が払はれ……可なり変化があつて複雑してをる。特に包装に至りては所謂意匠惨憺の跡が展開してをる」[152]というのである。このように、製品政策には、消費者の観念や嗜好の研究が重要であることを認識していた。ここに製品政策に、消費者志向的な考えが背景にあったのは間違いない。それだけではなく、明治製菓では、すでに形、色彩、意匠などの商品の副次的特性に着目し、意識していたかどうかは別として、製品差別化が行われていたといえるだろう。

それだけではなく、1926（大正15）年の川崎工場の操業を契機として「生産と販売の関係は一層緊密な連繫の下にいわゆる計画生産、計画販売の態勢をとる必要を生じ、定期的な生販打合会」[153] として「金曜会」が作られ、そこでは製造と販売の間に発生する諸問題を討議調整した。「金曜会」の構成は「相馬明治製菓会長及び当社（明治商店）社長有島社長出席の下に明治製菓側営業担当常務、販売係長、川崎工場長、製造係長、当社側は植垣、宮下両常務、市内地方両係長等が参加し、第三金曜日には販売所主任も参加した。議題は新品計画から品質の改善及び統一、梱包、包装、販売、特売、宣伝等一切を網羅し、それぞれの立場から真摯な討議が重ねられ、審議難航の際には相馬会長の裁断によつて決定をみたものである。この会における決定により菓乳業務は推進され名実ともに菓乳業務の最高決定機関となり爾来生販両社の進展に貢献するところ少なくなかつたが、太平洋戦争勃発により統制経済は強化され、発足以来回を重ねること五百回を越えた金曜会も、その機能を停止するに至つた」[154] といわれている。ここで注目すべき点は、まず第1には、その意志決定のレベルに、トップ・マネジメントが加わっていることからわかるように、高いレベルでのものであったこと。第2に、現場をよく知る販売所主任を参加させ、現場の実態を把握しようとしたこと。第3に、実に幅広い項目が議題になったこと。そして、第4に、この会が菓乳業務の最高決定機関として機能していたことである。つまり、トップ・マネジメントが加わった最高決定機関で、現場の意見を聞きながら、製品、販売、宣伝について討議し、意志決定していたといえる。そうだとすれば、実におどろくべきことだが、明治製菓ではマネジリアル・マーケティングが存在していたといえるのではないか。これは当時の日本として画期的なことであった。

③価格政策

明治製菓は「良品廉価」という経営理念にもあるように大量生産によるコスト削減を基礎とした比較的廉価な洋菓子造りを目指していたのは間違いない。しかし、具体的な価格政策では、「販売はすべて建値制（定価表）」[155] によって行われていた。つまり、再販売価格維持制によって価格の安定を図っていたともいえる。そして、「品種の増加と増産を完売するために特売に次ぐ特売を実施」[156] したというのであるが、その内容は「劇場借切の観劇招待」[157] といったプロモーション活動が主なものであった。これは、現代マーケティングの特徴の一つと言っていい非価格競争と同じものであるといってよいだろう。

しかし、キャラメルの販売では、「昭和五年の不況期に対処して九月にはミルクキャラメル大十銭売を八銭に、小五銭売を四銭に二割値下げを断行」[158] し、経済状況に応じた値下げも行っている。

1940（昭和15）年2月23日には、明治製菓も発起人となった日本菓子販売統制組合が創立され、「昭和十五年二月二十三日……第一着手としてドロップの全国価格を商工省に申請し……ドロップの全国協定価格の認可（三月十五日附）を得た」[159] のである。同年8月16日には「待望の公定価格が制定され、販売価格に悩み抜いた業界は一応安定を見るに至つた」[160] という。こうした記述を見ても、価格の安定は業界全体の問題であったことがわかる。

つまり、明治製菓は大量生産による「良品廉価」を目指していたが、個々の製品に関しては、建値を設定して、価格の安定を図っていた。ときには、プロモーション政策との関連や経済状況に応じて値下げを行った。しかし、こうした値下げはどちらかといえば例外的であり、明治製菓の価格政策の基本は管理価格による価格の安定を図り、最大利潤を確保することにあったと考える。

④流通経路政策

明治製菓の設立当初の流通経路政策は、東京菓子時代の取引先を受け継いで問屋取引をしていたが、1920（大正９）年に設立された同系の明治商店（1942年に明治商事と改名）を製品販売総代理店とすることで国内販売の上に強固な道ができた[161]。つまり、明治製菓の流通経路政策は明治商店を創設して行われるようになった。

明治商店は、明治製糖及び明治製菓の販売機関として位置づけられるが、設立当初は、東京の本店営業所の他、大阪、名古屋、下関、小樽の４カ所に出張所があっただけだったが、1924（大正13）年には直営の銀座売店を設立し漸次全国主要都市へ広めていった[162]。1927（昭和２）年には東京市内７カ所と横浜１カ所に直営卸売販売所を開設し、1935（昭和10）年には、これらの店舗数は内外80カ所に達して、広範な販売網を確立したといわれている[163]。

直営売店（名称：明治製菓売店）を開店した背景と目的は「川崎工場の建設成り、近代的設備による大量生産が開始されるに及んで販売、宣伝いよいよ活発を呈し漸くその頭角を表わすに至つた。……菓子、乳製品の販売は先ず以てその商標や銘柄を広く普及認識させる必要があり、その宣伝販売」[164]をすることであった。そして、明治製菓売店は全国主要都市を中心に、1933（昭和８）年頃には32カ所に達した[165]。つまり、商標や銘柄の普及のためには直接流通機構に介入することで影響力を十分に発揮したのである。

直営販売所（名称：明治製菓販売所）を開設したのは「川崎工場が竣工して量産多種の時代を迎えた。もともと問屋依存の販売では売り易い商品のみに傾き全種類の拡売は覚束なく、またこのままの販売方式では当時の情勢として貸込額を増大するのみで回収に不安があり、……従来の問屋一本化を訂正して直営の卸機関を持つ計画を立て」[166]たのである。そして、1927（昭和2）年6月に上述の東京7カ所、横浜1カ所の販売所のほかに、8月には福岡、関門（門司市）の2販売所を加えた[167]。販売所は「菓子、乳製品の販売に専念し、従来の特約店取引の外に小売店にも直面する使命を持ち、まさに当社販売政策の画期的改革を断行」[168]した。そして、1935（昭和10）年には「営業所数は販売所三十四，配給所十七を算するに至つた」[169]のである。ここでも、強力な影響力を発揮する目的が明らかである。

つまり、明治製菓の流通経路政策は明治商店を創設して、直営売店及び直営販売所を中心に特約店や小売店を含めた強力な系列化を行い、流通経路に対して強力な支配力と影響力を行使できる体制を構築しようとしたのである。これは、明治製菓の大量生産体制の構築と消費者の多様な欲求に応えるための製品多様化政策の下では、問屋依存の販売では全種類の販売が十分に行われないことを危惧し、明治製菓の意志が貫徹しやすい流通機構を必要とした結果、強力な流通系列化が行われたのだと考えてよいだろう。

また、前述の、「金曜会」メンバーに、販売所主任などが加わっているのを見てもわかるように、流通経路政策は、製品計画や宣伝、特売などと密接な関係があったといえるだろう。また、直営売店はその目的の1つにプロモーションがあげられており、その役目も十分に果たしていたことが確認できた。

⑤プロモーション政策

明治製菓のプロモーション政策は幅広い広告媒体を使用したといえるだろう。これは、「欧米視察の中で商品の意匠、店頭での陳列効果、広告などの重要性を認識した相馬によって当時としては唯一のマスコミ媒体である新聞への大量広告のほか、電車中吊広告（大正10年９月)、京橋売店の開設（大正11年12月）などのPR活動がさかんに行われた」[170] のである。

1927（昭和２）年には映画宣伝隊が編成され、海ではキャンプストアを開設して人気を集めた[171]。

1931（昭和６）年１月には宣伝係が新設され、「販売戦線に呼応した宣伝が打ち出されるに至つた。新聞雑誌はもちろん、屋上看板、旗、幕、額、ネオンは至るところにつるされ、……野立て看板は立ち、……さらに進んでポスター広告図案、歌、標語、自由画の募集等」[172] が盛んに行われた。

また、同年には、「東京市内省線や名古屋など11駅に当時としては珍しい菓子自動販売機を設置」[173] し、販売・普及活動に貢献した。

さらに、1933（昭和８）年から1935年頃にかけて、明治チョコレートや明治キャラメルの歌詞を募集しレコードに吹き込んだり、音楽映画「純情の都」や科学映画「チョコレート」を、続いて1938年には「お菓子の踊り」を上映したり、わが国初のトーキーカー（発声映画自動車）を走らせたりして、宣伝に努めたのである[174]。

また、1932（昭和７）年には、「数多のキャラメルの消化策として消費者向け景品『知慧の輪』或いは『動物折紙』を添付」[175] したり、1936年には「景品引き換えキャンペーンとして板チョコのラベルを利用した“百点賞付き売り出し”」[176] などを行い、狭義のセールス・プロモーションも実施されていた。

特約店や小売店を対象にしては、歌舞伎座や浪速座での観劇会、名人大会招待、特別列車仕立ての川崎工場見学招待、伊勢神宮招待、出雲大社招待、東京・日光招待などが行われた[177)]。

そのほか、直営売店はその設立の趣旨から流通機関としての役目だけでなく「明治各社製品の普及宣伝をはかる」[178)]というプロモーション政策上でも重要な位置を占めていた。また、1923年（大正12）年以来、明治製菓製品の「紹介宣伝を目的とする季刊誌『スヰート』を発行していた」[179)]のである。

このように、明治製菓は多種多様なプロモーション活動を展開していた。これは広告などの重要性を認識していた、会長である相馬半治によって強く押し進められたのである。また、プロモーション政策と特売や「金曜会」や直営店の目的との関係から見ても、マーケティング諸政策が密接に関連しあって相互に補完しあいながら行われていたと考えてよいだろう。

注

1）新村出編『広辞苑第四版』岩波書店、1991年、474ページ。
2）明治製菓株式会社『お菓子読本』明治製菓株式会社、1977年、35ページ参照。
3）島田勇雄「菓子の歩いた道」芳賀登・石川寛子監修『全集日本の食文化第六巻　和菓子・茶・酒』1996年、17～18ページ参照。守永正『増訂新版　お菓子の歴史』白水社、1965年、22～27ページ参照。中村孝也『和菓子の系譜』国書刊行会、1989年、68～76ページ参照。
4）守永正、前掲書、28ページ。
5）同上書、29ページ。
6）同上書、29ページ。
7）同上書、33～43ページ参照。
8）同上書、29～30ページ。

9）同上書、47～49参照。
10）同上書、30ページ。
11）同上書、68ページ。
12）同上書、30ページ。
13）同上書、80～83ページ参照。
14）同上書、30ページ。
15）同上書、84～109ページ参照。
16）同上書、30ページ。
17）同上書、113ページ参照。
18）同上書、30ページ。
19）玉城哲、井上敏夫「第四編　製菓工業」、中島常雄編『現代日本産業発達史　18　食品』交詢社出版局、1967年、330ページ。なお、中村孝也、前掲書、264ページにおいて「南蛮菓子五種を西洋菓子群の中に入れず、敢えて和菓子圏の中に取り入れた」といい、南蛮菓子を和菓子類に入れることは一般的なようだ。
20）同上書、331ページ。
21）同上書、331ページ参照。
22）同上書、331ページ。
23）同上書、332ページ。
24）同上書、333～334ページ参照。
25）同上書、334ページ。
26）同上書、335ページ。
27）昭和女子大学食物研究室『近代食物史』近代文化研究室、1973年、272～273ページ。
28）玉城哲、井上敏夫、前掲論文334ページ。
29）同上書、358～359ページ。
30）小原博『日本マーケティング史――現代流通の史的構図――』中央経済社、1994年、12～31ページ参照。
31）森永太一郎「今昔の感」森永製菓株式会社編『森永五十五年史』森永製菓株式会社、1954年、43～49ページ、同上書、445ページ参照。なお、森永太一郎は、帰国に先立ち、日本人に適した洋菓子類は何かということを調べるために、当時日本から渡米していたなんらかの視察団にキャンディーなどを持参して味見をしてもらい、マシュマロが一番好評であったと確認している。ここに、初歩的とはいえ、消費者の嗜好調査をおこなった。
32）松崎半三郎「思ひでのままに」同上書、72ページ参照。

33）同上書、72ページ。
34）同上書、89、447、450ページ参照。株式会社への移行についての経緯は87〜89ページを参照されたい。
35）同上書、89ページ。
36）森永太一郎「今昔の感」同上書、8ページ。
37）松崎半三郎「思ひでのままに」同上書、92ページ。
38）森永太一郎「今昔の感」同上書、8ページ参照。
39）同上書、78ページ。
40）同上書、93ページ。
41）同上書、171ページ。
42）森永太一郎「今昔の感」同上書、55ページ参照。
43）当時のキャラメルは、原材料や、日本の多湿といった環境条件から、保存に問題点があった。このため、缶容器を用いることで防湿を十分にして品質を保つことが最善の手段と考えられていた。
44）松崎半三郎「思ひでのままに」同上書、93ページ。
45）同上書、100ページ。
46）同上書、100ページ。
47）森永製菓、前掲書、83ページ。
48）同上書、165ページ。
49）同上書、95ページ。
50）同上書、95ページ。
51）同上書、153ページ。
52）同上書、154〜155ページ。
53）同上書、156ページ。
54）同上書、157ページ。
55）同上書、157ページ。
56）同上書、99ページ。
57）同上書、99ページ。
58）同上書、451ページ参照。
59）同上書、93ページ。
60）松崎半三郎「思ひでのままに」同上書、81ページ参照。
61）同上書、83〜84ページ参照。
62）同上書、451、458〜459ページ参照。
63）同上書、84、109ページ参照。
64）電通編『松崎半三郎』森永製菓株式会社、1964年、164ページ。
65）森永製菓、前掲書、109〜115、163〜167ページ参照。

66）同上書、109ページ。
67）同上書、112ページ。
68）同上書、164～167、265ページ参照。
69）同上書、265ページ。
70）同上書、167ページ。
71）同上書、167～169ページ参照。
72）同上書、172ページ。
73）同上書、168ページ参照。
74）同上書、167～169ページ参照。
75）同上書、179ページ。
76）同上書、182ページ。
77）江崎グリコ株式会社編『創意工夫――江崎グリコ70年史――』江崎グリコ株式会社、1992年、339ページ参照。
78）同上書、339ページ参照。
79）同上書、340～342ページ参照。
80）江崎利一『商道ひとすじの記』日本実業出版社、1977年、26ページ。なお、江崎グリコ株式会社、前掲書、５ページ、江崎利一『私の履歴書』日本経済新聞社、1964年、10～11ページにも同様の記述がある。
81）同上書、27ページ。江崎利一、前掲『私の履歴書』、11ページにも同様な記述がある。
82）江崎グリコ株式会社編、前掲書、５ページ参照。
83）同上書、289ページ。
84）同上書、289ページ。なお、現在の社是は「食品による国民の体位向上」、社訓は「創意工夫」「不屈邁進」「勤倹力行」「質実剛健」「協同一致」「奉仕一貫」「積極果敢」の７つにまとめられている。
85）江崎利一、前掲『商道ひとすじの記』、49ページ。
86）大正14年におこったグリコの大量返品を契機とした江崎グリコの危機を打開するため、昭和２年頃には、「果物アメ」を売りだし、果物アメは、グリコの売上げの倍以上あった。しかし、グリコの売上げが回復するにしたがい生産を中止し、その製法を他の業者に譲った。江崎グリコ株式会社編、前掲書23～24ページ参照。
87）同上書、11ページ。
88）同上書、12ページ参照。
89）同上書、12ページ。
90）同上書、13ページ。
91）同上書、13ページ。

92）同上書、13ページ。
93）同上書、14ページ。
94）同上書、14ページ。
95）同上書、14ページ。
96）同上書、14ページ。
97）同上書、21ページ。
98）同上書、25ページ。
99）同上書、25ページ。
100）江崎利一、前掲『商道ひとすじの記』、110ページ。
101）同上書、115ページ。
102）江崎グリコ株式会社、前掲書、124ページ。
103）同上書、124ページ。
104）当時の三越のことを『大正大阪風土記』、大正15年では以下のように描写している。「高麗橋で電車を降り、目まぐるしい往来をやっとの事で横切って一大百貨店の前に立つ。地下室ともで九階、高さ三十三メートルで市内屈指の建物の一つ。これが一流デパートストアとして知られる三越の大阪支店である……化粧品、洋品雑貨、履物類、食料品……一店で何でも整わぬものはない……一日の入店者は……日曜祭日のごとき、店内いたる所身動きならぬ有様で、平日でさえ平均三万人ないし三万五千人」と称せられていた。また、また寺田寅彦は、「丸善と三越」『寺田寅彦随筆集第一巻』岩波書店、1947年、119～138ページの中で大正９年ごろの三越について次のように書いている。「世の中にはずいぶんいろんな事が自慢になるものだと思う。ある婦人は月に幾回三越に行くということを、時と場所と相手にかまわず発表して歩く」人がいたり、「食堂のほかには食品を販売する部が階下にある。人によると近所の店で得られると同じ罐詰などをわざわざここまで買いに来る」ということである。これらにより、三越の盛況の様子、規模、消費者からの信用度などが推し量れる。
105）江崎利一、前掲『商道ひとすじの記』、57ページ。
106）同上書、58ページ。
107）同上書、59ページ。
108）江崎グリコ株式会社、前掲書、18ページ参照。
109）同上書、22ページ。
110）同上書、23ページ。
111）同上書、123～124ページ参照。
112）同上書、124ページ。

113）同上書、29ページ参照。
114）マーケティング史研究会編『マーケティング学説史――日本編――』同文舘、1998年、207～230ページ参照。
115）江崎グリコ株式会社、前掲書、30ページ。
116）同上書、30～31参照。
117）同上書、31ページ参照。
118）同上書、31～32ページ参照。
119）同上書、126ページ。映画付きグリコ自動販売機とは、10銭入れると２銭のお釣りと音楽付き映画が見られるというものであった。
120）同上書、126ページ。
121）同上書、118ページ。初期の引換賞品は、明治天皇御製集、組立飛行機、紙芝居の３つであった。後に、グリコ日記、シャープ望遠鏡、文鎮、軍艦模型、動物集絵本、国旗集、軍歌集などがだされた。
122）同上書、25ページ。
123）同上書、32ページ。
124）同上書、120ページ。
125）同上書、120ページ参照。
126）同上書、33ページ。
127）江崎利一、前掲『私の履歴書』、49ページ。
128）江崎グリコ株式会社、前掲書、121ページ参照。
129）『明治製菓株式会社二十年史』明治製菓株式会社、1936年、１ページ。
130）『明治製菓株式会社40年小史』明治製菓株式会社、1958年、166ページ参照。
131）玉城哲、井上敏夫、前掲論文、352ページ参照。
132）前掲『明治製菓株式会社40年小史』、163ページ。
133）同上書、167～169ページ参照。
134）同上書、177ページ。
135）有嶋健助『使命の感激』児玉榊、1941年、100～102ページ参照。
136）『三十五年史　明治商事株式会社』明治商事株式会社、1957年、29ページ。
137）同上書、３ページ。
138）有島健助、前掲書、７ページ。
139）同上書、７ページ参照。
140）同上書、８ページ。
141）同上書、12～13ページ。
142）前掲『明治製菓株式会社40年小史』、174～175ページ参照。
143）同上書、178ページ。

144）同上書、180ページ。
145）前掲『明治製菓株式会社二十年史』33～38ページ参照。
146）前掲『明治製菓株式会社40年小史』、214ページ。
147）同上書、176～179ページ参照。
148）『日本チョコレート工業史』日本チョコレート・ココア協会、1958年、16ページ。
149）前掲『明治製菓株式会社40年小史』、184～198ページ参照。
150）有島健助、前掲書126ページ。
151）同上書、127～128ページ。
152）同上書、128ページ。
153）前掲『三十五年史　明治商事株式会社』、37ページ。
154）同上書、38ページ。
155）同上書、55ページ。
156）同上書、55ページ。
157）同上書、55ページ。
158）同上書、58ページ。
159）同上書、103ページ。
160）同上書、105ページ。
161）同上書、172ページ参照。
162）前掲『三十五年史　明治商事株式会社』、34～35ページ参照。
163）同上書、35～36ページ参照。
164）同上書、35ページ。
165）有島健助、前掲書、41ページ参照。
166）前掲『三十五年史　明治商事株式会社』、49ページ。
167）同上書、50ページ参照。
168）同上書、51ページ。ここでいう営業所数とは販売所と配給所を加えたものであると考えられる。また、配給所は、業務の進展につれて、その地域内に必要に応じて設置され、当該販売所の管轄または支店直轄とした。
169）同上書、52ページ。
170）『明治製菓の歩み――創業から70年――』明治製菓株式会社、1987年、４ページ。
171）前掲『三十五年史　明治商事株式会社』55～56ページ参照。
172）同上書、56ページ。
173）前掲『明治製菓の歩み――創業から70年――』、６ページ。
174）同上書、６ページ参照。
175）前掲『三十五年史　明治商事株式会社』、58ページ。

176）前掲『明治製菓の歩み――創業から70年――』、６ページ。
177）前掲『三十五年史　明治商事株式会社』、55ページ参照。
178）同上書、68ページ。
179）前掲『明治製菓株式会社40年小史』、216ページ。

第７章　戦前日本の麦酒産業における対市場政策

本章では、戦前日本の麦酒産業を取り上げ、戦前日本でマーケティングが行われていたかどうかを検討する。なお、これまでは、検討する期間を主に第一次世界大戦前後から第二次世界大戦前までとしてきたが、麦酒産業の場合、独占化したのがはやかったため、明治後半も検討する期間に加えることにする。それと、戦前日本の麦酒産業においては、輸出や海外での生産活動がみられ、すでに海外市場を対象にした対市場活動が展開されており、国際マーケティングの可能性を示唆しているが、本章では国内市場をめぐる対市場活動にしぼって考察したい。

１．戦前日本の麦酒産業

日本で最初に造られた麦酒は、1870（明治３）年にウィリアム・コープランド（William Copeland）たちが創設したスプリングバレー・ブルワリー社（Spring Valley Brewery）によってであるといわれている。それは主に横浜に在留している欧米人と外国人船員を対象にしたものであった[1)]。その後、麦酒造りは各地で行われるようになり、多いときには各地方の造酒屋や素封家などにより100を越える銘柄が製造・販売されるようになった[2)]。しかし、これらの小規模麦酒会社は、不況[3)]といった経済的背景のほか、「一、不完全な上面醗酵によっていたため、品質や風味の点で、確実な顧客と信用を確保できなかったこと　二、下面醗酵によるビールを製造した醸造所の場合も、おおむね自然条件に頼り、その製法と品質を管理するのに必要欠くべからざる製氷、冷却などの装置を、個人資本では十分に備え得なかったこと　三、大資本によるビール会社の出現に対し、品質、販売、宣伝などいずれの面でも、立ち打ちできなかったこと」[4] や後述する麦酒税に耐えられなかった小規模麦酒会社が多かったことなどの麦酒産業特有の理由で急速に淘汰されていくことになった。

1885（明治18）年から1889年にかけて、財閥や有力資本家によって、ザ・ジャパン・ブルワリー・カンパニー（The Japan Brewery Company：麒麟麦酒の前身)、日本麦酒醸造会社、札幌麦酒、大阪麦酒が相次いで設立・創立されるのであるが、これらの会社は「新しい技術や最新鋭の設備を導入して大量生産と流通支配の強化を進め、品質面での優位を確立」[4] していったという。そして、国内麦酒総製造量は1885年には2,257石（１石は約0.18kℓ：406kℓ）であったものが、５年後の1890（明治23）年には14,253石（2,566kℓ）へと飛躍的に急増している[5]。これは、麦酒産業では、かなり早い段階で大量生産体制が確立した証左といえよう。

1890年にはジャパン、日本麦酒、札幌麦酒、の３社（大阪麦酒はまだ製造を開始していなかった）ですでに約41％の国内総製造量を占めていたが、1900（明治33）年にはジャパン、日本麦酒、札幌麦酒、大阪麦酒、の４社で国内総製造量の約82％を占めるようになった[6]。日本の麦酒市場は19世紀末から独占化していたのである。このころになると、それまで、それぞれの地域市場を主要市場としていた各麦酒会社は、より多くの販売を求めて他地域市場へ参入していった。例えば札幌麦酒は北海道[7] が主な市場であったが、1899（明治32）年に臨時株式総会で東京工場建設を決定し、1901年に着工し、1903年出荷をはじめた[8]。こうして、より激しい競争が展開されるようになる。

激しい競争にくわえ、1901（明治34）年に公布された麦酒税法によって経営が圧迫されてきた麦酒各社から、競争緩和を目指した動きが生じた。後に詳しく見るように、1906（明治39）年3月26日、日本麦酒、大阪麦酒、札幌麦酒の各社は合併して大日本麦酒株式会社を創立したのである[9)]。

表1は戦前の麦酒国内製造量の推移を示している。これによると、戦前の麦酒製造量は1907（明治40）年から、そのピークをむかえる1939（昭和14）年にかけて、若干の減少を示した年もあるが、長期的にはかなりの増加傾向を示している。1907年と1939年の総製造量を比べると、実に約8.8倍となっている。またこの**表1**からだけでは算出できないのであるが、飲酒可能な国民一人当たりの消費量は、しだいに増加していったと考えられる。これは、麦酒が徐々に一般的に受け入れられてきたとみてよいのではないかと考えている。

表1をみると、戦前のこの時期は、麦酒産業は大日本麦酒、麒麟麦酒、日本麦酒鉱泉（1934年に大日本麦酒と合併）、桜麦酒（1943年に大日本麦酒と合併）の4社によって、その市場はほぼ占められている。

表2は主要工業会社100社のなかでの大日本麦酒と麒麟麦酒の順位の変動を示したものである。**表2**によれば両社とも資産額が増大し、会社の規模も資産額において上位100社にはいるほど巨大な規模であり、1918年と比べても、1930年にはその順位を上げている。この2社は、ときには激しい販売競争を展開したり、また、あるときは価格協定を行ったり、販売会社や海外のビール会社を共同で設立したりして競争と協調を行っている。

また、**表1**によれば、この2社は戦前のこの期間、70％前半から90％を越える市場占有率を持っている。よって、本章では大日本麦酒と麒麟麦酒を主な検討対象とする。

表１　戦前の麦酒製造量の推移（単位：石）（%）

（抜粋）

	大日本麦酒※２		麒麟麦酒		日本麦酒鉱泉※３		桜麦酒※４		寿屋※５		全国合計	その他
年度	製造量	シェア	製造量	シェア	製造量	シェア	製造量	シェア	製造量	シェア	製造量	シェア
1907 年（明治 40 年）	147,456	74.5	39,517	20.0	10,347	5.2		0.0		0.0	197,862	0.3
1912 年（明治 45 年）	140,906	72.0	33,340	17.0	20,345	10.4		0.0		0.0	195,627	0.5
1917 年（大正 6 年）	259,424	62.9	61,057	14.8	36,818	8.9	54,858	13.3		0.0	412,157	0.0
1922 年（大正 11 年）	496,475	64.9	145,001	19.0	38,373	5.0	65,191	8.5	12,533	1.6	764,926	2.6
1927 年（昭和 2 年）	448,287	55.8	189,904	23.6	73,028	9.1	70,712	8.8	21,249	2.6	803,180	2.6
1932 年（昭和 7 年）	354,930	46.2	197,830	25.8	122,206	15.9	68,528	8.9	23,980	3.1	767,474	3.1
1937 年（昭和 12 年）	801,477	63.6	364,745	28.9		0.0	87,776	7.0	7,176	0.6	1,261,174	0.6
1939 年（昭和 14 年）※１	1,155,457	66.6	461,097	26.6		0.0	110,541	6.4	7,340	0.4	1,734,435	0.4
1942 年（昭和 17 年）	962,263	66.3	381,021	26.3		0.0	99,033	6.8	8,126	0.6	1,450,443	0.6

※１：戦前ピーク

※２：大日本麦酒は 1906 年（明治 39 年）３月に日本麦酒、大阪麦酒、札幌麦酒の３社が合併して成立

※３：日本麦酒鉱泉は 1934 年（昭和９年）に大日本麦酒と合併

※４：桜麦酒は 1943 年に大日本麦酒と合併

※５：寿屋は 1948 年に解散　なお、1943 年～1948 年までは配給統制時代

出所：サッポロビール株式会社広報部社史編纂室編『サッポロ 120』サッポロビール株式会社、1996 年、868～69 ページより作成。

表２　主要工業会社 100 社の推移：資産額順位

	大日本麦酒		麒麟麦酒	
	資産（千円）	順位	資産（千円）	順位
1918（大正７）年	17,194	37 位	6,652	82 位
1930（昭和５）年	82,660	15 位	21,653	66 位

出所：由井常彦、大東英祐編『大企業時代の到来』岩波書店、1995 年、22～23 ページより作成。

２．大日本麦酒株式会社

大日本麦酒株式会社は、日本麦酒、札幌麦酒、大阪麦酒が合併して誕生するのであるが、合併以前の各社の設立経緯と活動について簡単に触れておきたい。

1887（明治20）年に資本金40万円で設立された日本麦酒醸造会社は、1889年からビール醸造を開始した。製品の恵比寿ビールは1890年の第３回内国勧業博覧会では高い評価を得たにもかかわらず、特約店が少ないため、販売も行き詰まり赤字が累積した[10]。1891年になると最大株主の三井物産は馬越恭平を経営再建に派遣した。馬越は諸経費の削減と販売促進を果断に進め、資本金を45万円から35万円に減資して、損失金を整理するなど経営再建に尽力した。その結果業績は好転した[11]。馬越は1893（明治26）年頃から積極的な宣伝活動による需要の創造をはかり、1900（明治33）年にはビアホールの名称で銀座に直売店を開設した[12]。また、札幌麦酒の東京進出の報をうけて、日本麦酒は旧に倍する迫力で関西市場に乗り出していった[13]。

札幌麦酒株式会社は、1888（明治21）年１月に、資本金７万円（1890年には３万円増やして資本金10万円）で渋沢栄一、浅野総一郎、大倉喜八郎等によって株式会社組織として正式にスタートした。これは、北海道開拓使の官営事業として1876（明治９）年に開始されたものであったが、1886（明治19）年に大倉組に払い下げられたものを、札幌麦酒株式会社が麦酒工場として継承したものである[14]。1896（明治29）年には資本金を30万円に増資し、設備拡張に乗り出し、増設・増築工事が完成した翌年（1899年）の製造量は11,261石となり、1897、98両年の製造量より、おおよそ２倍に増大した[15]。1898（明治31）年には東京出張所を設置して東京での販売促進を図ったが、工場が遠く札幌に立地する不利は免れず、1899年に臨時株式総会で東京分工場を設けることを決定し、1903年には出荷を開始した[16]。

有限責任大阪麦酒会社は、1889（明治22）年11月に、資本金15万円（翌年には10万円増やして資本金25万円）で、鳥井駒吉社長をはじめとした関西の酒造業者の資本を中心に創立され、1892年に「アサヒビール」の銘柄で初出荷した[17]。大阪麦酒は開業当初から新聞広告、楽団広告などを展開し、1895（明治28）年の京都勧業博覧会参加を契機として、1897年に、本格的なビアホール「アサヒ軒」を開店する[18]。大阪麦酒は、1903（明治36）年には本格的に東京進出を開始し、４月に、東京向島に出張所兼ビアホール「朝日軒」を開設し、同年暮には日本橋堀江町に東京出張所「アサヒ屋」を出店し、翌年６月には八丁堀に事務所を開設した[19]。

こうして麦酒総製造量も急増しはじめ、1906（明治39）年には約15.7万石となり、それとともに各社の販売競争も活発となった。とくに東京、北海道、大阪にそれぞれ販売基盤を持つ日本麦酒、札幌麦酒、大阪麦酒は上述のように積極的に他地域での販売拡張をはかり、３社の競争は激化し、馬越をして「商戦に於い許され得る殆んど極度の販路争奪が行はれる迄になったので、相互に競争しつゝも、三社の当事者は何れも此の苦戦に倦み、何等かの方法に依りて此競争を緩和し、以って其苦痛より脱出せんとする考へを抱くやうになった」[20]というのである。そこで、馬越と札幌麦酒の渋沢栄一、大倉喜八郎などは、３社の合併を計画し、1906（明治39）年３月26日に３社は合併して、資本金560万円の大日本麦酒株式会社が設立された[21]。

この合併のねらいは、国内での競争抑制し、海外に向かって販路拡張すること、主要原料たる大麦、ホップおよび機械器具、材料品などを国産品での自給自足すること、外国人技師を極力雇用しないことの３点で、大日本麦酒は当時の総製造量の約70％を占め、その市場支配力を決定的にした[22]。社長には馬越が就任した。彼は、社内人事の刷新、社債の整理と社内留保の拡大、原料の国産化、新技術の採用と設備増強、製品多様化などの積極的かつ堅実な経営方針を打ち出し、その市場支配力を基礎に同社を大きく成長させたのである[23]。

①経営理念

大日本麦酒における当時の経営理念はどのようなものであったのであろうか。明文化されているものには、1930（昭和５）年の広告に「品質第一、信用第一、生産第一」[24]という社是のようなものも見られる。また、1940（昭和15）年３月に制定された社訓で「……第二誠ヲ本トシ、完全ヲ理想トシ、人格ヲ納メ、日進ヲ期スヘシ。第三自他ノ職分ヲ尊重シ、同心協力、研究向上、勤労ヲ楽ミ、節倹ヲ守ルヘシ」[25]とある。このように成文化された社訓は当時として非常に珍しいといえる。

ここに明文化された「品質第一、信用第一、生産第一」といった中には、生産志向的ないし製品志向的な考え方が見受けられ、そこには、はっきりとした意味で消費者志向的な理念は見受けられないように見える。だが、そもそも商品とは、労働の生産物であり、それが社会的使用価値を持ち、市場を通して売買されるようになって商品となり得るのである。麦酒という商品の場合も、社会的使用価値が低い商品は多くの消費者に受け入れられるわけもなく、したがって、麦酒を生産するにあたって、消費者を志向し、分析するのは当然であると考える。また、先述したように、麦酒産業初期には100を越える銘柄が全国に存在したが、そのかなりのものが淘汰されていった主な理由の一つが粗悪な品質であった。このような経験から、「品質第一、信用第一、生産第一」といった理念は大日本麦酒が消費者を志向した結果、導き出されてきたとも考えられる。つまり、「品質第一、信用第一、生産第一」というのは麦酒の消費者を度外視しては成り立たない理念であるといえないだろうか。この意味において、大日本麦酒の経営理念は一見、製品志向的ないし生産志向的に見受けられるが、その根底には消費者を志向したものがあると考えてよいだろう。

②製品政策

大日本麦酒は品質第一と唱っているように品質の向上に力を入れている。合併のねらいの一つとして外国人技師を極力雇わないとの方針で日本人技師をヨーロッパに派遣して、独自技術を展開してきた。しかし、1935（昭和10）年頃になると、ドイツから招かれたリューエンス博士は、麦酒の問題点を味が硬く重いこと、純粋でないことだと指摘し、技術の見直しを行い、品質の向上を図った[26)]。

また、1935（昭和10）年の製品はエビス、サッポロ、サッポロ黒、アサヒ、特性アサヒ、アサヒ黒、シーズン、ビタミン、スタウト、生特大瓶、生樽、ユニオン、ユニオン黒、カブトの14銘柄[27)]となり、かなり多様な銘柄を創出していたことがわかる。

また、馬越恭平が洋行から帰国したのちに、積極的に製品多様化政策がとられる。具体的には「蒸留水を使用して他品との差別化を図った」[28] 清涼飲料水（シトロン、ナポリン、リボンタンサンなど）、食品・薬品（滋養酵母エビオスなど[29]）等が製品群に加わることになった。

その他、1909（明治42）年にはドイツに留学した名士たちがミュンヘンビールの製造販売を要望していることをうけて、従来の国産ビールと異なる新嗜好のビールを発売することでビール需要の拡大を図ることを目的としたミュンヘンビールの販売を開始（1922（大正11）年生産中止）したことなどがあげられる[30]。これは、ある意味で部分的な市場細分化政策があったともいえようか。

また、1906（明治39）年には、輸出の拡大にともない「ビールの味は従来の重い味からより飲みやすい味へ、また濁りにくい、耐久性のよいもの」[31] が求められるようになった。それを可能にするには、当時、麦酒税法で30％までとされた米などの副原料を40％まで許容すべきだとの意見がだされた。その理由は、「欧米ヨリ東洋へ輸入スル麦酒ハ多量ノ麦芽代用品ヲ用ヒタル者ニテ、需要者ノ嗜好モ其ノ気味ニ慣レ居ルヲ以テ、外国麦酒ト競争上其風味、色沢等ヲ同スル必要アリ」[32] というのだ。1908（明治41）年には、麦酒酒税が改正され、麦芽の50％以内まで副原料が使用可能になった[33]。ここに、市場の嗜好（needs）を模索した製品づくりが行われていたといえるだろう。

当時の製品政策でも、製品多角化や製品差別化が図られ、部分的な市場細分化の試みやときには市場の嗜好（needs）を考慮に入れた消費者志向的な製品づくりが行われていたといえる。

③価格政策

大日本麦酒は麦酒価格の安定ということを一貫して目指してきた。建値制度と割戻制度（リベート）を合併前の３社はすでに確立していた[34)]。この割戻制度を使い問屋に影響力を発揮し、建値の維持をはかっていたのであるが、一部の小売価格をコントロールすることが難しいこともあったようだ。

そこで、大正にはいると、麦酒業界では価格の安定を価格協定という形で行おうとする傾向が強くなった[35)]。1919（大正８）年６月には、「大日本麦酒、加富登麦酒、それに麒麟麦酒の総代理店である明治屋の三社は協定を結んで、大瓶四ダース入一箱の建値を二円上げ一七円にきめた。さらに同年一一月には二〇円、九年二月には、二三円に改めた。一本当たり四七銭九厘強」[36)]になったというのである。その後、1920年３月には政府の価格抑制方針にしたがって、一本当たり49銭２厘の協定を東京酒類仲買小売商同業組合、洋酒問屋と1923年には大日本麦酒、日本麦酒鉱泉、麒麟麦酒は、一転して価格下落の防止を図り一本当たり39銭６厘の協定を結んでいる[37)]。昭和にはいると、1928（昭和３）年には、「定価大瓶四ダース入り一九円五〇銭　払込価格〃　一七円八〇銭」[38)]という協定を結んだが、日本麦酒鉱泉などが脱退して、その実効性は低かった。1931（昭和８）年になると、大日本麦酒と麒麟麦酒は麦酒共販会社を発足させて、「最低価格を定めて両社の麦酒を共販」[39)]することになる。こうして、大日本麦酒にとっては建値の安定がある程度実現したといえよう。上述した種々の協定の中にも割戻金について触れられているが、割戻しの名目は、年末割り戻し、包み金、奨励金、挨拶金、自動車補助、倉庫料などであった[40)]。

大日本麦酒の価格政策は流通業者に対しては割戻制度を使い、価格の安定を図るために麦酒生産社同士で価格協定を結ぶといった方法が主流であった。また、価格政策の割戻制度は流通経路政策と相互に補完しあうような関係があったと考えてよいだろう。

④流通経路政策

大日本麦酒は３社が合併した影響を受け、設立当時は旧３社それぞれの販売網を利用していたが、徐々に統合を図り、特約店制度を確立していった[41)]。1924（大正13）年頃には全国主要都市に168特約店を持っていた[42)]。このときすでに全国販売網が確立していたといえるだろう。

また、前述したように大日本麦酒では、合併以前の旧３社の時代からビアホールといった形での直売店を設けていたが、合併後も継続されて、その一部は今日までつづいている。これは、各会社ともに設立当初は酒屋が麦酒を取り扱わないところが多く、薬屋で販売されていたことや、当時の大量販売は料飲店に頼らざるを得なかったことと関係していると考えてよいだろう[43)]。

大日本麦酒では、価格政策と流通経路政策は密接な関係にあったと考える。また、大日本麦酒では、ビアホールによる消費者への直売という流通経路も重要なものであったと考える。

⑤プロモーション政策

大日本麦酒においては多種多様なプロモーション活動が使用された。新聞・雑誌広告、屋外広告はいうまでもなく、例えば観劇・花火大会などへの招待、宣伝カーの導入などが行われた。これらのプロモーション政策の特徴は問屋や小売業者といった流通業者対象のものが多く見られたことである。しかし、これらだけにとどまらず、一般の新聞・雑誌広告のほか、のぼりや美人ポスターなどによる消費者対象のプロモーション活動も多数存在した。

また、大日本麦酒は1928（昭和３）年には24万円を新聞広告に使っており、広告番付の東方13位に位置付けされていた[44)]。これは、すでに大日本麦酒が多額の広告費を使用しており、広告の重要性を認識していたことを示していると考える。

1936（昭和11）年頃のプロモーションのあらましを、以下にしるしておく。大日本麦酒「昭和11年度の主な宣伝報告」では、新聞広告(一般に栄養価を普及、上流階級を目標とし新交響楽団などと提携・タイアップ)、ビール展覧会、映画（麦酒製品と上映会とのタイアップ、宣伝映像の挿入)、ビーヤアーベント（各界名士招待のドイツ風「ビールの夕べ」)、花電車（観光祭祝賀)、花火（『国民新聞』主催花火大会協賛)、演芸（生ビール樽を使った奇術で実物を客に飲ませる宣伝、漫談中に麦酒の宣伝)、雑誌記事（『料理の友』一年間、季節向きビールの家庭料理記事広告）などが報告されている[45)]。

また、ユニオン麦酒による王冠買い戻しキャンペーンは当時としては特筆すべきプロモーションであった。それは合併以前の1930（昭和５年)、日本麦酒鉱泉によって「藍色王冠１個３銭現金買入」[46)]というキャンペーンを行ったことである。このキャンペーンの特徴は「半年間の徹底緻密な市場調査と、帝大心理学教室での購買動機分析をもとに,『需要家各位のご利益』に直接働きかける販売促進計画……日本ではじめての科学的な市場調査による販促計画」[47)]だった点にあったといわれている。

このように大日本麦酒では、かなりの広告費を投入して種々のプロモーション活動を通して顧客に商品を訴求していたことがわかる。

ここまで、大日本麦酒の４Ｐについて検討してきたが、これら４Ｐは別々に行われていたのではなく、互いに影響しあいながら相互に補完しあう密接な関係があったと考えられる。また、品質第一といった経営方針と製品政策は密接な関係にあったし、信用第一といった経営方針は４Ｐに影響していたと考えられる。

３．麒麟麦酒株式会社

1885（明治18）年に在留外国人によって創立された、ザ・ジャパン・ブルワリー・カンパニー（The Japan Brewery Company）は1907（明治40）年、おもに明治屋と三菱合資の協力によって買収され、資本金250万円の麒麟麦酒株式会社として生まれ変わる[48)]。麒麟麦酒は「堅実経営」「品質本位」という経営方針を打ち立てた[49)]。

同社は、第一次世界大戦までは保守的なドイツ人技師によって醸造過程を掌握され、経営全般が保守的であった。ドイツ人技師達はジャパン・ブルワリー以来の伝統を受け継ぎ、水以外は機械類も、麦芽などの原材料もほとんどドイツ産のものを使った。このようなドイツ式の生産方法は一方で品質と味を高水準に保ち、市場の評価をかち得た代わりに、コストの面で競争力を大きく制約した[50)]。第一次世界大戦のためドイツ人技師達が帰国したことを契機に、国産麦芽の委託生産と使用を開始した。また、チェコやドイツの輸入麦芽を混ぜて使用することや技術の向上によって、麦酒の品質を何とか確保した。

麒麟麦酒は設立以来、明治屋と一手販売契約を結び、販売活動を委ねてきた。しかし、1923（大正12）年に発生した関東大震災で大打撃を受けた明治屋は大損害の整理に全力を投入し、麒麟麦酒の販路拡大に機敏に対応できなかった。また、当時、乱売戦のプレッシャーを受けている上に、新工場（横浜）の巨大な固定資産が高水準の稼働率と販売高を要求していた。しかし、明治屋は掛け売り債権増加のリスクを覚悟して市場拡大を行うと言うよりは、堅い取引に固執していた。1927（昭和２）年、麒麟麦酒は明治屋との一手販売契約を解消し、自前で販売活動に当たっていくことになった[51)]。

①経営理念

創設者、礒野計の娘婿で、1927（昭和２）年に明治屋から専務取締役としてやってきた磯野長蔵は「麒麟麦酒株式会社の営業方針はジャパン・ブルワリー以来の一手販売店明治屋の創立者礒野計の方針を……うけついで多年拮据経営したものであって、私はただこれを拡大したに止まるのであるが、常に消費者、得意先の信頼に背かず、広告宣伝よりむしろ品質の改善に力を用いた」[52] というのである。

これは、消費者や得意先の信頼を重んじており、広告などよりも品質を重視していくという考えを示したものである。先にも指摘したように、麦酒産業初期には100を越える銘柄が全国に存在したが、そのうち大部分の銘柄が淘汰されていった主な理由の一つが粗悪な品質であった。このような経験から、品質重視といった理念は麒麟麦酒の場合も消費者を志向した結果、導き出されてきたとも考えてよいだろう。

また、礒野計は初期の広告のなかでドイツより専門家を招いて「本家本元の製法に基づき、日本人の嗜好を察し、色艶といひ、風味といひ、世間有ふれのものと違ひ、稀有絶無の良品を得たる」[53] と述べている。ここに、麒麟麦酒の品質重視という経営理念は麦酒という商品が消費者を度外視しては成り立たず、素朴ではあるが、本質に関わる消費者志向をそこに読みとることができるのではなかろうか。

②製品政策

麒麟麦酒は品質の向上と日本人の嗜好にあったビール造りを目指した。これは経営理念と関連が深いと言えるだろう。

先述の礒野計の広告にもあるように、麒麟麦酒は設立当初から約40年間ドイツ産麦芽を原料として、高品質のビール造りをおこない、市価において常に１銭から３銭高くても売れるといった評価を得てきた[54)]。これは、製品差別化が行われていたといえるだろう。また、第一次世界大戦によってドイツからの麦芽輸入が途絶したことを契機に、品質の劣らない国産麦芽の使用が急務となり、1916（大正５）年末、技師をアメリカの製麦工場に派遣して技術の習得を目指した[55)]。

麒麟麦酒は1907（明治40）年に、１銘柄からスタートしたが、1933（昭和８）年ごろの銘柄は、キリン（大瓶、小瓶、２ℓ特大瓶、１ガロン樽）、ボック、ピルスナー、ミュニック、ボックエール、キリン黒、キリンスタウトであり、７銘柄10品種にまで増えていた[56)]。かなり多様な銘柄を創出していたことがわかる。

また、1927（昭和２）年には麒麟麦酒の営業目的に飲料の製造販売を加え、翌年に最高級品をイメージするために無着色にこだわった清涼飲料水キリンレモンの販売を開始し、次々と新しい銘柄を製品群に加えていった[57)]。そして、1930年（昭和５）年には、営業目的に化学薬品および薬品の製造販売を追加し、翌年には酵母剤アミターゼの販売をはじめる[58)]。

このように、麒麟麦酒では、製品の多角化や高品質といった差別化政策がとられていた。製品政策はプロモーション政策などと密接な関係があったことは言うまでもない。

③価格政策

麒麟麦酒でも建値制度の確立と割戻しによる価格の安定を模索している。麒麟麦酒では、年末払戻金・包み金・謝礼金・春期特別奨励金などの割戻金（リベート）が支給され、自社商品を拡販するために用いられていた[59)]。しかし、これらの割戻金が麦酒の値崩れの一因にもなった[60)]。

麒麟麦酒も先述した種々の協定に加わっていた。特に1928年（昭和

３）年の協定は生産調整と麦酒価格の固定化を目指すものであったが、実効性は弱かった。そして、くり返しになるが、1931（昭和８）年になると、大日本麦酒と麒麟麦酒は麦酒共販会社を発足させて、「最低価格を定めて両社の麦酒を共販」することになる。こうして、麒麟麦酒にとっても建値の安定が、ある程度実現したといえよう。

1931～32（昭和６～７）年頃は、先述の「藍色王冠１個３銭現金買入」キャンペーンや寿屋のオラガビ－ルによるディスカウントの影響で麦酒価格が市場最安値を記録したといわれている[61]。東京酒類仲買小売商同業組合の小売値段をみてみると、一本28銭とし、28銭以下での販売を乱売としているが、麦酒の販売数量は他の清酒に比べれば少量で、そのためにおとり商品と化して安売りによる客引きの具とされ、乱売されることが後をたたず統制に苦慮した、といわれている[62]。

麒麟麦酒の価格政策は価格協定によって建値を維持する方策が主流だったと考えられる。割戻制度により流通業者から、価格維持の協力を得られたこともあったが、皮肉なことに値崩れの原因ともなった。以上、見てきたように、麒麟麦酒において、価格政策は流通経路政策と密接な関係があったことは明らかである。

④流通経路政策

先に指摘したように、麒麟麦酒は設立当初から明治屋を国内総代理店とする代理店制度を採用していたが、1927（昭和２）年には麒麟麦酒は明治屋との一手販売権契約を解消した。そして、営業部を作り、自ら各地域の代理店と取引を行うようになった。当時の明治屋は関東大震災の影響で多額の負債を抱え、麒麟麦酒が望むような販売活動を行えなかった、そこで麒麟はより直接的な流通支配に乗り出したといえる[63]。麒麟麦酒が明治屋から引き継いだ販売網は本店営業部、東京支店、横浜支店、大阪支店、名古屋支店、福岡支店、仙台支店、京城（朝鮮半島）支店であり、主要都市を網羅していた[64)]。

麒麟麦酒は主要都市に支店を配備し、全国販売網を整備していたといえる。そして、割戻制度などを活用して流通経路（特に代理店・問屋）への影響力を行使しようとしていた。

また、麒麟麦酒の場合も、直営のビアホールで消費者に対してビールの直接販売を行っており、1943（昭和18）年の銀座の麒麟ビアホールが繁盛している様子が紹介されている[65)]。

麒麟麦酒においては価格政策と流通経路政策は密接な関係があったことは明らかである。

⑤プロモーション政策

麒麟麦酒では屋外広告、宣伝カー、新聞・雑誌広告など広範な広告媒体を積極的に利用していた。1908（明治41）年には、すでに５万５千円の広告予算を組んでいた[66)]。また、1925年（大正14）年には、食品産業において広告量が６％を占め、５位に位置していた[67)]。これらを見ても、麒麟麦酒が広告宣伝の重要性を認識していたのは明らかであるといえるだろう。

また、1926（大正15）年の新聞広告では「ビールは酒にあらず……然らば何か　曰く滋養品なり」[68)]といった麦酒の新たなポジショニングを試みていて興味深い。これは新たな市場開拓のためのプロモーションの一つである。

ビールの価格競争が一番激しかった頃には、麒麟麦酒は、「国鉄構内に金縁ガラスばりの額面入りポスターをかかげ、東海道線に二等車一〇数両連結の〈ビール列車〉を運転し、東北旅行会を主催するほか、“キリンビールの唄”をレコードに吹きこんで料飲店やバーに配った」[69] りしていた。

麒麟麦酒の一手販売を長く行ってきた明治屋は『嗜好』というPR雑誌を1908（明治41）年に創刊し、1940（昭和15）年まで発行した。これは生活文化の向上を目指したものといわれているが、当然のことながら、企業やブランドのイメージアップや麦酒に関する啓蒙も行われていたのである[70]。

麒麟麦酒ではプロモーション政策と流通経路維持のための旅行会など流通経路政策と密接な関係があり、相互の補完しあう関係があったといえるだろう。

注

1）『麒麟麦酒株式会社五十年史』麒麟麦酒株式会社、1957年、５～13ページ、『キリンビールの歴史――新戦後編』キリンビール株式会社、1999年、７～８ページ参照。

2）同上『麒麟麦酒株式会社五十年史』、244～247ページ。なお、各銘柄の概略については、佐藤建次『日本のビール盛衰史』東京書房社、1985年を参照されたい。

3）このころ、1882年世界恐慌の影響の加わるなかで、松方デフレと呼ばれる深刻な不況が生じ、競争力のない泡沫的な企業は姿を消し、その後も1890年恐慌、97~98年と1900~01年の景気後退を経験して、強い打撃をうけた企業が続出したといわれている。宮本又郎・阿部武司・宇田川勝・沢井実・橘川武郎『日本経営史』有斐閣、2000年、84ページ参照。

4）稲垣眞美、『日本のビール』中央公論社、1978年、113～114ページ。なお、上面醗酵ビール、下面醗酵ビールについては『サッポロ120年史』サッポロビール株式会社、1996年、48ページを参照されたい。

4）同上『サッポロ120年史』、92ページ。

5）同上『サッポロ120年史』、867ページ参照。

6）同上『サッポロ120年史』、207、867ページ参照。

7）札幌麦酒の場合、その設立が官営であったこともあり、設立当時から北海道だけでなく東京も主力市場の一つと位置づけていたが、東京で販売するための輸送・保管のコストが他の麦酒会社と比べると圧倒的に高く、苦戦していたようである。同上書、64～77ページ参照。

8）同上書、118〜120ページ参照。
9）『大日本麦酒株式会社三十年史』大日本麦酒株式会社、1936年、１ページ参照。
10）前掲『サッポロ120年史』、147〜148ページ参照。
11）前掲『大日本麦酒株式会社三十年史』、９〜11ページ参照。
12）大塚栄三『馬越恭平翁伝』馬越恭平翁伝記編纂会、1935年、116〜120ページ参照。
13）『Asahi100』アサヒビール株式会社、1990年、146ページ参照。
14）前掲『サッポロ120年史』、90〜95ページ参照。
15）同上書、106〜107ページ参照。
16）同上書、118〜120ページ参照。
17）前掲『Asahi100』、90〜92ページ参照。
18）同上書、138〜143ページ参照。
19）同上書、146ページ参照。
20）前掲『サッポロ120年史』、207〜208ページ。
21）同上書、216〜217ページ、前掲『大日本麦酒株式会社三十年史』、６〜７ページ参照。
22）同上『サッポロ120年史』、217ページ参照。
23）同上『サッポロ120年史』、217〜218ページ、前掲『大日本麦酒株式会社三十年史』、６〜７ページ参照。
24）同上『サッポロ120年史』、776〜777ページ。
25）同上書、811ページ。
26）同上書、289ページ参照。
27）前掲『Asahi100』アサヒビール株式会社、224ページ参照。
28）前掲『サッポロ120年史』、241ページ参照。
29）同上書、276〜278ページ参照。
30）同上書、227〜228ページ参照。
31）同上書、233ページ。
32）同上書、233ページ。
33）同上書、233ページ参照。
34）同上書、220ページ参照。
35）同上書、262〜266ページ参照。
36）『麒麟麦酒の歴史――戦後編』麒麟麦酒株式会社、1969年、368ページ。
37）同上書、368〜370ページ参照。
38）同上書、390ページ。
39）前掲『サッポロ120年史』、273ページ。

40) 前掲『麒麟麦酒の歴史――戦後編』、390ページ参照。
41) 同上書、220ページ参照。
42) 前掲『Asahi100』、220ページ参照。
43) 同上書、136ページ。
44) 『広告界』誠文堂新光社、1929年8月号、25ページ参照。
45) 同上書、224ページ参照。
46) 前掲『サッポロ120年史』、266ページ。
47) 前掲『Asahi100』、223ページ。
48) 前掲『麒麟麦酒株式会社五十年史』、33～45ページ参照。
49) 前掲『麒麟麦酒の歴史――戦後編』、500ページ参照。
50) 前掲『麒麟麦酒株式会社五十年史』、56～57、前掲『キリンビールの歴史――新戦後編』、36ページ参照。
51) 同上『麒麟麦酒株式会社五十年史』、99～102ページ参照。
52) 同上書、序。
53) 稲垣眞美、同上書、94ページ。
54) 前掲『麒麟麦酒株式会社五十年史』、58～59、82～83ページ参照。
55) 同上書、84ページ参照。
56) 『キリンビールの歴史――新戦後編　資料集』キリンビール株式会社、1999年、54ページ参照。
57) 前掲『麒麟麦酒株式会社五十年史』、107ページ参照。
58) 同上書、109ページ参照。
59) 前掲『麒麟麦酒の歴史――戦後編』、390ページ参照。
60) 同上書、370ページ参照。
61) 前掲『Asahi100』、176ページ参照。
62) 『東京小売酒販組合四〇年史』東京小売酒販組合、1963年、107ページ参照。
63) 前掲『麒麟麦酒株式会社五十年史』、97～101ページ参照。
64) 同上書、105～106ページ参照。
65) 『ビールと日本人』麒麟麦酒株式会社、249～250ページ参照。
66) 前掲『麒麟麦酒株式会社五十年史』、64ページ参照。
67) 中瀬寿一『日本広告産業発達史研究』法律文化社、1968年、120ページ参照。
68) 犬伏肇『資料が語る近代日本広告史』東京堂出版、1990年、126ページ参照。
69) 中瀬寿一、前掲書、134ページ。
70) 『明治屋百年史』明治屋、1987年、85～86ページ参照。

第８章　戦前日本の醤油産業における対市場政策

本章では在来産業の代表的な産業の一つである醤油産業から野田醤油株式会社[1]（1964年10月19日にキッコーマン醤油株式会社へ名称変更、1980年10月19日にキッコーマン株式会社へ名称変更）を取り上げて、その対市場政策について検討し、マーケティングが行われていたかどうかを検証したい。

なお、検討する期間は主に第一次世界大戦前後から第二次世界大戦前までを中心としたい。それと、戦前日本の醤油産業、とりわけ野田醤油においては、輸出への積極的姿勢がみられ、すでに海外市場を対象にした対市場活動が展開されており、国際マーケティングの可能性を示唆しているし、みりんや焼酎及び醤油の副産物の製造・販売も行われていたが、本章ではもっぱら国内市場及び醤油市場をめぐる対市場活動にしぼって考察したい。

１．醤油の歴史

茂木正利氏によると、「醤油が商品として活溌になつたのは江戸時代に入つてからで江戸時代初期の元和５年（1619）堺の一商人が木綿、酒、酢等と共に醤油を江戸に出荷した記録があり、醤油も当時文化の中心であった上方で発達し江戸にも供給されるようになつた」[2]といわれている。

松本延昌氏によれば、江戸時代の初期から中期にかけては「都市化の進む江戸のマーケットは『下り醤油』と呼ばれる上方の製品で完全に牛耳られていた」[3]といわれている。松本氏が指摘するところによると「『下り醤油』に対抗する関東しょうゆは、17世紀の後半から18世紀にかけて江戸川沿岸の野田と、常陸川（利根川）川口の銚子を中心に成長していく」[4]のだという。享保年間（1716～1736年）になると上方文化に対抗するように江戸前の文化が開花し、色の濃い関東の濃い口醤油を好む江戸っ子気質をつくりあげる[5]。「享保年間といえば18世紀のはじめだが、この問屋連合は関西の下り醤油を年間六万五千石（１万2,000kℓ）前後扱っていた。それが19世紀初期の文政４年（1821年）にはわずか千四百石（250kℓ）に減ってしまう。その代わり……地回り醤油の扱い高が、八万六千石（１万5,000kℓ）に増えている」[6]のである。こうして、関東の醤油は完全に江戸市場を制圧した。

1864（元治元）年、江戸の物価高騰になやむ江戸幕府は物価引き下げ令を強行し、醤油もその対象になったが、品質に自信を持つ造家は当時の「極上」、「上」、「並」というランクの上に「最上」というランクを認めてほしいと嘆願した。そして、幕府が「野田の『キッコーマン（亀甲萬)』『キハク（木白)』『ジョウジュウ（上十)』の３銘柄、銚子の『ヒゲタ』『ヤマサ』『ジガミサ（地紙サ)』『ヤマジュウ（山十)』の４銘柄」[7]だけ認めたのであった。この７つの醤油銘柄はその他の銘柄と比べて一段上の醤油として認知されたのである。

藤井五三雄氏によれば、「近世期～1910年代半ばまでは、問屋と醸造元との力関係から言えば、問屋の方が強かったということになる。つまり、問屋市場（＝醸造元から出荷される商品が販売される市場）において、価格決定および入荷量についての主導権を握っていたのは、醸造元ではなく問屋であった」[8]のである。つまり、後でふれるように、醸造元が本格的に価格決定権を奪還するのは1926（大正15）年の三蔵協定まで待たねばならない。

2．戦前日本の醤油産業

醤油業の各醸造元は地域に根ざして、発祥してきたものがほとんどである。その中から、1907年、関西の『日本丸天醤油』が株式会社組織となり、同じ年に小豆島に『丸金醤油株式会社』(現マルキン忠勇株式会社）が誕生した。そして、銚子醤油株式会社や野田醤油株式会社が大正末までに法人化していった[9]。「自昭和６年度至昭和８年度二千石以上全国醤油醸造業者調査書」によれば、全国二千石以上の醸造家数は151軒あるが、１万石を越えるものになると16軒となり、２万石を越えるものになるとわずか６軒となる。さらに、５万石を越えるものは、野田醤油、ヤマサ醤油、丸金醤油、銚子醤油の４軒となり、10万石を越えるものは野田とヤマサのわずか２軒となってしまう[10]。これは仕込み能力なのか出荷量なのか生産量なのか説明がないので定かでないが、数字から推察して出荷量か生産量であると推察できる。これからいえることは先述した４軒は他のものよりも少なくとも２倍以上の出荷量か生産量が有り、他のものから頭一つ抜け出た存在であったことが明らかである。特に野田とヤマサは飛び抜けた存在であったといえる。

次に、**表１**の野田醤油の市場シェアを見てみると、上述の調査の当該年である1931（昭和６）年では、9.65%であり、全国市場規模で見た場合は１社としては規模が大きいのであろうが、１社で強力な影響力を発揮できるとまではいえないであろう。これは、この頃の醤油業界は一部に大量の出荷量を誇る醸造家がいる反面、小醸造家も多数存在していたことを示唆しているのではないだろうか。

花井俊介氏は1923（大正12）年～1935（昭和10）年までの東京市場におけるキッコーマン、ヒゲタ、ヤマサの３印の市場シェアを試算し

表１　醤油業者全国出荷量と野田醤油出荷量及びその市場シェア

年度	全国出荷量（kℓ）	野田醤油出荷量（kℓ）	野田醤油市場シェア（％）
1918（大正７）	473,490	33,284	7.03%
1919（大正８）	529,224	36,778	6.95%
1920（大正９）	503,330	32,712	6.50%
1921（大正 10）	578,819	38,096	6.58%
1922（大正 11）	588,355	34,459	5.86%
1923（大正 12）	624,701	32,015	5.12%
1924（大正 13）	659,062	40,443	6.14%
1925（大正 14）	633,489	54,016	8.53%
1926（大正 15）	635,566	55,741	8.77%
1927（昭和２）	630,761	46,167	7.32%
1928（昭和３）	656,765	56,059	8.54%
1929（昭和４）	653,390	61,797	9.46%
1930（昭和５）	682,560	66,753	9.78%
1931（昭和６）	700,752	67,631	9.65%
1932（昭和７）	694,656	65,735	9.46%
1933（昭和８）	670,464	58,330	8.70%
1934（昭和９）	880,200	79,826	9.07%
1935（昭和 10）	891,000	85,535	9.60%
1936（昭和 11）	901,800	88,922	9.86%
1937（昭和 12）	931,680	74,891	8.04%
1938（昭和 13）	939,420	83,243	8.86%
1939（昭和 14）	890,640	89,695	10.07%
1940（昭和 15）	892,260	87,581	9.82%
1941（昭和 16）	890,460	90,281	10.14%
1942（昭和 17）	734,580	79,368	10.80%
1943（昭和 18）	572,940	81,371	14.20%
1944（昭和 19）	628,020	73,754	11.74%
1945（昭和 20）	425,880	48,863	11.47%

出典：『キッコーマン株式会社 80 年史』キッコーマン株式会社、2000 年、666 ページから作成。
注：野田醤油の市場シェアは筆者算出。

ているので紹介しておく[11]。これによれば1923年には東京市場における３印の市場シェアは45.9%であったものが1927（昭和２）年には59.1%、1931年には67.6%、1935年には79.7%となっている。これを見てもわかるように、東京市場において３印は非常に高い市場シェアを占めており、その影響力は計り知れないといえるだろう。

３．野田醤油株式会社

千葉県野田で最初に醤油が生産されたのは、飯田家により永禄年間（1558～1570年）であったといわれている[12)]。そして、飯田家は「亀屋蔵」と称されたしょうゆ醸造蔵をもち、1855年まで醸造業を続けていたのだが、これは後に野田醤油発足時に第５工場となる[13)]。

野田醤油株式会社は会社組織として「1917（大正６）年、12月７日、茂木・高梨一族と流山の堀切家の８家の造家（醸造家）が合同して設立」[14)] したのである。

ここでいう８家とは高梨兵左衛門家、茂木七左衛門家、茂木芳五郎家、茂木左平治家、茂木七郎右衛門家、茂木勇右衛門家、茂木啓三郎家、堀切紋次郎家である[15)]。そして、各家の醸造の歴史は古くまで遡ることができる。例えば、茂木本家は「1662年（寛文２年）からみそ醸造業を始めたが５代に至り1766年（明和３年）にしょうゆ醸造業に転じた」[16)] と記されているし、初代茂木七郎右衛門は、「1772年（安永元年）、単独でしょうゆ醸造業をスタートさせた」[17)] といわれている。1781年（天明元年）には「造醤油仲間」が成立して、野田で醤油醸造業が産業として基盤を確立したのである[18)]。

その後、８家の醸造家は血縁関係・婚姻関係の下で結束しながら、それぞれ独立した醤油醸造業を続けていた。しかし、「1907年、関西の『日本丸天醤油』が株式会社組織となり、同じ年に小豆島に『丸金醤油株式会社』(現マルキン忠勇株式会社) が誕生した。ともに近代的な組織のもとで製造、営業の近代化をはかろうとしたもので、関西への進出意欲を高めていた野田の造家にとって、強力なライバル出現であった。……さらに、関西に始まった法人化の動きは銚子に及び、野田の造家は少なからぬ衝撃を受けることになった。……こうした法人化の広がりの中で、茂木・高梨一族の造家の間に、『和の回復』を『一族合同』によって果たそうという動きがでてきた」[19)] のである。

この合同も、「キッコーマン」の商標を保有していた茂木左平治が、100万円のブランド料を要求したりして、各家の従業員に合同後の待遇をめぐって不安が広がったりして難航したが、1917（大正６）年12月７日、第６代茂木七郎右衛門を初代社長として、資本金700万円の野田醤油株式会社が成立した[20)]。

こうして誕生した野田醤油は「８家のブランド総計が211種にも及んでおり」[21)]、「醸造蔵は野田に17、流山と行徳に各１の計19で、その敷地総面積13万1,550㎡（３万9,864坪）に及んだ。19の蔵の仕込能力を合計すると３万6,984kℓ（20万5,468石）となるが、1917年（大正６年）の全国出荷量は46万5,560kℓ（258万6,447石）であったから、おおむね８％のシェアを握るメーカーとしてスタートした」[22)]のである。当時の醤油醸造業は中小零細のものが多かった中で、有力メーカーの誕生といって差し支えないだろう。

①経営理念

野田醤油株式会社の社是は1925（大正14）年６月に出された「訓示」によく現されている。この訓示は以下のようなものである。「これは一面からみれば事業の拡張、商勢の増大であるが、他面からみれば社会との関係が深まり、社会に及ぼす影響も広範になったということである。社員はその行動の一つひとつが、社会的責任を負うようになったことを覚悟すべきである」「社会全体の利害を己の利害と信じ、社会全体の善と一致する善を自己の善と信じ、この信念のもとに自己の完成をめざすべきである」「力を入れて攪拌する諸味のひと掻きも、心を込めて数えるソロバンの一珠も、それが多くの人の幸福と生産を増すことにつながることを自覚してほしい」[23)]といったようなものである。つまり、社会との関係を強調して、「『社会に開かれた企業』

『社会に奉仕する企業』への指向を訴えている」[24]のである。

また、1928（昭和３）年６月７日、社長茂木七郎右衛門は、事業経営の基本理念を次のように布告した。「産業は単に利潤追求を目的とするものではなく、賃金獲得の場として存在するものでもない。企業を通じて社会の福祉、国家の進運に寄与すべき公共の義務を負うものであり、関係者はこの理念を基本として、公共に奉ずる精神で仕事にあたらねばならない」[25]と、ここでも社会に対して奉仕するという基本理念が掲げられている。この基本理念は、一面では社会への奉仕という意味合いをもっていたのであろうが、他面では有名な「野田労働争議」で生じた労使間の亀裂を修復しようとした点も強いのではないだろうか。

次に、競争相手であった小豆島の丸金醤油社長木下忠次郎は「品質を銚子に学び、経営は野田の長を」[26]とったといわれているが、彼によると、関東醤油醸造各社の経営方針は「消費者本位であって、能う限り良い品を提供することによって、消費者を利益しようというのが建前であるから、自然信用も高まって来るし、生産者と消費者が固く結びついて、いわゆる得意が継続する」[27]と見ていた。ここによい品物を造って消費者を利するという、消費者志向的な考え方が存在していたと外部からは見られていた。

②製品政策

先述したように野田醤油成立当初は一族から引き継いだブランド総数は211種にもおんでいた。これらのブランドは野田醤油成立後には徐々に整理されていったのである。これらの多数のブランドの存在が野田醤油の製品造りの特徴をあらわしているので、少し時代を遡ってふれてみたい。

それぞれの各家が「知恵をしぼり、技術に工夫をこらすことによって、独立した造家として成長することが期待されたのである。そのことは一族の造家が独自のブランドを積極的に開発し、商品の差別化を争ったことを示している」[28] といわれている。これは、醤油問屋の「『自分だけの店で売りさばくブランド』の開発」[29] という要望にも応えるものであった。つまり、販売業者が求める製造態勢をすでに作り上げていたのである。こうした、多ブランドは、一方で創意工夫をこらすといった野田醤油の製品造りの特徴をあらわしていたが、他方で、キッコーマン・ブランドへの製品統合の早期実現という点では足かせとなっていたのである。

野田醤油が「211種の銘柄の整理に着手したのは1920年（大正９年）のことで、その年の１月に知名度がとりわけ高かった８銘柄だけを残し、順次各工場もキッコーマン・ブランドの生産に移行」[30] した。しかし、それまで違う種麹を使用していた各工場が、キッコーマン印と全く変わることない製品を造ることは困難であった。野田醤油が「キッコーマン・ブランドの集中的、大量生産体制を実現したのは1926年（大正15）年、『第17工場』（現野田第１工場）を完成させてから」[31] であった。

この「第17工場」は「1922年（大正11年）３月に着工して、４年の歳月をかけて1926年（大正15年）４月２日に竣工式を迎えた。約５万㎡余りの敷地に、鉄筋コンクリート一部３階建て、約１万5,850kℓの仕込能力を持つ従来の常識を越える巨大工場」[32] であった。こうした生産能力の拡大は「会社創立いらいの経営課題であったキッコーマン・ブランドへの統合に、大きな役割を果たした」[33] のである。

また、「キッコーマン・ブランドをナショナル・ブランドに」[34] 育てるという思いから、関西に生産拠点を構える構想が持ち上がった。

1929（昭和４）年３月１日に現在の兵庫県高砂市荒井町で起工式を行い、翌年２月15日に第１号建物の上棟式を挙行し、同年には第２号建物、第３号建物、第４号建物を完成させ、８月８日に仕込み作業を開始した[35)]。この「関西工場」は約19万6,900㎡の敷地に最新鋭の設備をもうけた工場で、1932（昭和７）年から通年生産に入り、同年には１万2,996kℓを出荷したが、この時点ですでに最大７万2,000kℓまで生産できる増設余地をもっていた[36)]。こうして全国主要市場に対応できる大量生産体制ができあがっていったのである。ちなみに野田醤油の1940（昭和15）年頃の製品群は、キッコーマン印醤油は16ℓ樽詰、64ℓ樽詰、ビア樽詰、２ℓ瓶詰、５オンス瓶詰、黒瓶詰、８ℓ缶詰、１ガロン缶詰の８種類で、その他の醤油銘柄としてキハク印３種類、クシガタ印４種類があり、キッコーマンソース６種類、キッコーマン白線ソース４種類を加えて醤油・ソース類で、計５印25種類であった[37)]。実に多様な容器に詰められた製品が提供されていた。特に瓶詰は、1922（大正11）年、品質管理といった観点から一切の瓶詰をメーカーの手で行う元詰めを契機に拡がってきた[38)]。その他、醤油の副産物である醤油油・粕、みりん、焼酎なども製造していた。

関西工場の着工は、「ヒゲタ、ヤマサを刺激することになり、両社とも関西向けに供給するために設備増強に着手した。……こうして、またも新たな生産過剰対策が必要になってきた」[39)]のである。そして、「1931年（昭和６年）２月に３社は三蔵協定を生産協定に前進させることで合意し、３月１日から向こう５年間にわたる全国市場を対象とする生産・販売協定を実施することになった。……この協定は３社の生産・販売シェアを東京市場に限っては従来どおりキッコーマン55%, ヤマサ32%、ヒゲタ13%としたうえで、全国市場のシェアを前年（1930〈昭和５年〉）の販売実績を基礎に算出し、キッコーマン

65.73%、ヤマサ21.67%、ヒゲタ12.60%とする」[40] というものである。しかし、花井俊介氏の指摘にもあるように、この協定は「開始時点では各社の販売比率だけが定められていたに過ぎず、減産などの具体的な生産・販売総数量の制限や将来の設備投資に対する抑制規定を含むきちんとした協定が取り交わされていなかった」[41] こともあり、十分に実効性があがったとはいえなかったのである。

以上、みてきたように、野田醤油設立後の製品政策の特徴は、キッコーマン・ブランドへの統一とそのブランドをナショナル・ブランドへ育てるといったブランド政策に現れている。こうしたブランド政策は大量生産体制の構築と密接に関係しているし、後述する地方営業強化のために開設した出張所・派出所とも相互に作用していたといえる。また、こうしたブランド政策は、情緒的・心理的作用に訴えることによる製品差別化が行われていたといえるであろう。もちろんこうしたブランド政策は、キッコーマン印が最上品としての長年培ってきた評判や当時の最新鋭製造設備から安定した品質の製品を大量に供給できることが前提となっていたことはいうまでもないであろう。

また、容器の多様性は、業務用か小口顧客用かによって分類されていたところが大きいが、品質保持といった観点から、消費者の嗜好に応えたという点もあると思われる。

そして、野田醤油の製品政策は生産・販売協定を結ぶといった業界内での協調関係も重視していたと考える。

③価格政策

先述したように、醤油の価格決定権は江戸時代からの伝統を受け継いで醤油問屋が長年にわたって保持していた。こうした事情から、野田醤油が設立される以前から価格決定権を奪還するための活動が流通経路政策と密接して展開されていた。その代表的な動きが第７代茂木左平治を代表に1881（明治14）年に共同販売会社として設立された「東京醤油会社」であった。この「東京醤油会社」の目的の一つは「問屋が江戸時代からの商慣習を踏襲し価格決定権を専有している実体」[42]を是正することにあった。こうした動きは問屋との対立を激しいものとして、わずか７年で頓挫することになるが、広く蔵元と問屋に流通のあり方を考えさせることになる[43]。

第17工場の建設とそれに呼応したヒゲタ、ヤマサなどの増産体制の構築によって生産過剰状態になり、「1919年（大正８年）末に東京市場で１樽（16.2ℓ）10円であったキッコーマンの卸売相場は、1926年（大正15年）６月には４円60銭という、当社設立以来の最低値を記録した」[44]のである。松戸税務署が醤油業界について調べた「昭和三年醤油製造業経済調査書」のなかで昭和３年の野田醤油製品キッコーマン印の原価や販売費が計算されている。それによると、一樽にかかる原価は醤油原価２円21銭、樽代１円27銭、包装費７銭の計３円53銭となり、販売費は運賃16銭、売出費20銭、広告費６銭、諸公費10銭、諸費20銭の計72銭となっている[45]。原価と販売費を加えれば、一樽４円25銭となり卸売相場に接近して、粗利益は減少している。

こうした事態に危機感を感じた野田醤油は、1926年（大正15）ヒゲタ、ヤマサに協定を呼びかけ「その年の10月25日に『醤油共同荷扱所設置・値極取引覚書』が調印され、翌月１日から３社の協調態勢が実現した。それは問屋業の発足以来続いてきた歴史的な『問屋委託販売制度』を『値極制度』に改める」[46]という画期的なものであった。こうして、「同年11月１日、東京・日本橋蛎殻町にキッコーマン、ヒゲタ、ヤマサの『三印共同荷扱所』が設置されたが、これは過剰供給による値崩れを防ぎ価格を安定させるとともに、３社が設定する建値を無視する問屋を監視する役割を負う」ものであり、「千葉市、川口市及び神奈川県の相模川以東の東京市場に適用」[47]されたのである。この協定が実効性をもてたのは、大正末には、この３社で55％近くの東京市場シェアを持っていたことがあげられる[48]。こうして、東京市場において、価格決定権の奪取と、建値制度の確立によって、再販売価格維持制が実施できるようになったといえるだろう。

1927（昭和２）年には、「共同荷扱所から小売店への直配を行っていたが、配達の際に問屋組合が振り出す為替手形（期日30日）を付し、商品の到着と同時に小売店に手形を引き受けてもらうことにしたのである。この制度の実施にともなって、東京市場の卸売建値制度は廃止され、小売りの『定価販売制』に改められた」[49]のである。こうして東京市場においてより一層の価格の安定を図った。

1931（昭和６）年には、先述の生産協定を含めた３蔵協定を全国市場に対して展開していった。しかし、花井氏によると、価格政策の面から見ると「全国市場における三印のシェアの低さ（当時三印合わせても二〇パーセント程度と見積もられていた）から考えて、生産量制限・販売量調節を通じた価格規制力には大きな限界が存在した」[50]といわれている。

1933年には３蔵協定は解消されることになるが、同年８月22日、野田醤油は「東京市場（一部神奈川県を含む）で行われてきた直配手形制度を、当社単独で行うことを決定」[51]し、価格の安定を図っていくことになる。

ここまで見てきたように、野田醤油の価格政策は協定による卸売建値制度や定価販売制の導入によって、再販売価格維持制を実施し、価格の安定を図っていたことが明らかになった。卸売建値制度や定価販売制は協定によって行われていたのであり、その意味では管理価格が実施されていたといえるだろう。こうした制度は最大利潤の確保を目指していたといえるだろう。

　また、野田醤油の価格政策の場合は価格決定権の奪取や直配手形制の実施などから見ても、流通経路における主導力の把握ということが重要であり、流通経路政策と密接に関連していたことは明らかである。

④流通経路政策

　野田醤油が設立される以前は、「東北、北海道、樺太、沿海州方面には国分商店の手を通じて出荷され、名古屋以西の販売は岡田商店に委されていた」[52]というように東京の国分商店や岡田商店などと特約店契約を結んで行っていた。しかし、1919（大正８）年11月には「岡田商店の関西におけるキッコーマン印一手捌も解消され、大阪出張所は京阪神を中心に西日本の販売を担当することになった。翌９年１月より東京醤油問屋の販売区域として認めた京浜地区以外の関東以西はすべて当社の直接扱に改め」[53]ることになった。こうして、まず関西で問屋と直接取引を開始したのである。1940（昭和15）年頃の大阪出張所の主な分担事務は「１．大阪及びその付近並びに関西（山口県岩国以西を除く）に於ける本社製品の販売に関すること、１．同上各地の市況及び取引先の情況調査に関すること、１．同上各地に於ける広告に関すること、１．下関派出所の指揮監督に関すること」[54]であった。

　また、先述したように、北海道におけるキッコーマンの特約販売権を国分商店に与えていたが、「1922年（大正11年）に至って国分商店もこの特約販売権を返上」したので、野田醤油は「北海道・東北６県と京浜地区を除く関東以西は、当社の直接扱いに改めた」[55]のである。

　先述した1926年の協定に基づいて、３印共同荷扱所が東京に設置されたが、これにともなって、それまで東京の問屋との折衝は重役室直轄とされてきたものが、東京出張所を開設してその任を委せた。1940年頃の同所の主な分担事務は「1．東京醤油問屋販売区域に於ける本社製品及び複製品の販売に関すること、1．同上各地の市況及び取引先の情況調査に関すること、1．臨時の広告宣伝に関すること、1．本社製品の外国輸出販売に関すること、1．外国に於ける販売取引先の情勢調査に関すること、1．横浜派出所の指揮監督に関すること、1．宮内省御用品上納に関すること、1．東京及び地方定期刊行物等に登載する広告の立案及び登載に関すること、1．東京醤油共同荷扱所に関すること」[56]であった。こうして東京市場に責任を持つ拠点が誕生した。

昭和に入ってくると、地方市場の重要性が増してくる。1934（昭和9）年には下関派出所、1938年（昭和3）には名古屋派出所が開設され、前者は山口県岩国以西、九州及び沖縄地方に於ける製品の販売、同地区の市況取引先の状況調査及び広告、後者は名古屋市内、三重県、北陸地方に於ける製品の販売、同地区の市況取引先の状況調査及び広告に関することを担った[57]。そして、1941（昭和16）年には小樽出張所を設け北海道・樺太の販売を担った[58]。

こうして、野田醤油は問屋と直接取引ができる販売網を全国的に構築したことや東京市場においては小売業に直配する体制を敷いていたことなどから見ても、流通経路における主導権を奪取したと考える。つまり、野田醤油は価格決定権の奪還を含め、流通経路において強力な支配力を発揮し始めたといえる。これは、今日でいうところの垂直的マーケティング・チャネルに似通ったものだといえよう。

ここで留意しておきたいのは、各出張所・派出所の分担事務に各区域の市況及び取引先の状況調査や広告に関することなどが含まれている点である。各出張所・派出所は流通機構の重要な拠点としての役目だけでなく、市場調査・広告についても重要な拠点として機能していたと考えられる。つまり、野田醤油の各出張所・派出所は、製品政策やプロモーション政策の重要な情報源であったと考えてよいだろう。

⑤プロモーション政策

野田醤油設立以前の時代から、各個店は積極的なプロモーション活動を行っていた。たとえば、「第７代茂木左平治が『亀甲萬』の偽物を防ぐために、フランス製のラベルを採用したことを……『読売新聞』の広告を通じて問屋、消費者に告げている。1878年（明治11年）２月10付けのもので、これがしょう油メーカー最初の新聞広告」といわれている[59)]。

野田醤油「創立当初は日刊新聞、婦人雑誌、料理雑誌等に広告の主力を注ぎ従来の商標と醸造元を表示する程度の幼稚なものから、新しい図案を加えて商標を引きたたせて、消費者一般へ訴える工夫を凝らすようになり、広告媒体もこの頃より広告塔、電気広告、鉄道沿線広告、電柱、浴場、劇場等を利用し、また突出した看板、ポスター、手帳、新聞折込、宛名広告等の他、映画、飛行機等の文明の先端を行くものを利用して著しく広告の近代化を図った」[60)]のである。

野田醤油のプロモーション政策の背景には「工場は全能力の発揮が行われる時に始めて最も良好なる採算の下に生産さるゝものであるが故に減退しつゝある需要を喚起し製品を市場に消化させることは経営の根本策」[61)]という考えがあり、これを実現するには「広告効果ある媒体を一定の計画の下に継続的に使用することが必要となった。このため普遍的媒体である新聞広告を採り上げて計画的に利用するようになり、雑誌広告は新聞広告の掩護とした。大正15年には広告専任者を置き、販売政策と広告理論に基づき広告の予算を編成し、実施に当たっては統計的に広告効果を測定する等の基本的広告体系を樹立した」[62] のである。ちなみに、野田醤油は1928（昭和３）年度の新聞広告に10万円費やし「東西広告主番付」に載っている[63]。また、先述した一樽当たりの販売費72銭のうち売出費20銭、広告費６銭でプロモーション費は少なくとも26銭（36.1%）を占めていた。

1925（昭和元年）年より「醤油は著しく生産過剰となり、このため各社は需要喚起の手段として競って景品付売出しを行なった。この景品付売出し宣伝のために日刊紙を中心とし雑誌、業界紙上で激烈な広告競争を展開」[64] したのである。また、野田醤油では「醤油が日常家庭生活に不可欠な調味料であること、料理と密接不離の関係にあることを基本理念として、広告の対象を家庭婦人に置き、漸次広告の方針を確立していった」[65] のである。

「景品付特売は、特定地域に集中的に広告する必要があり、雑広告が著しく発展する」[66] ことになる。名古屋地方では「古くから溜の産地で、当社製品の拡販は容易ではなく、広告文のキッコーマン醤油の醤油の字に『タマリ』と振り仮名を付けて宣伝する」[67] といったこともあったようである。1930（昭和５）年には、東京市内の各主要駅に電光看板を採用したり、工場見学者に２ℓ瓶のミニチュア・サンプルを配布したり、翌年には、百貨店・劇場・神社に飾樽の陳列広告を行ったりした[68]。1932年頃から1935年頃までは有力店のウインドー広告や電車・バス広告、巡回映画宣伝などを利用するようになった[69]。

野田醤油ではプロモーション活動は需要喚起の重要な手段として認識していたことが明らかになった。そして、実に幅広い広告媒体を使用し、予算編成から広告の対象、効果の測定まで科学的な広告体系がつくりあげられていた。また、当時の中心的広告媒体であった新聞広告には1928年には10万円をつぎ込んでいる。この額は当時としては巨額である。この一事を見ても、広告の重要性を認識していたのは明らかである。

狭義のセールス・プロモーションも景品付き特売やサンプルの配布などがさかんに行われていた。

これらのプロモーション政策は需要の喚起といった面からは製品政策と、科学的な広告体系づくりといった面からはその情報源としての各出張所・派出所と密接に関連しあっていたことは間違いないであろう。

注

1）野田醤油株式会社は、現在のキッコーマン株式会社であるが、この名称は1980（昭和55）年からである。戦前期でも、野田醤油の代表的なブランド名はキッコーマンであったが、戦前期を通して、会社名は野田醤油株式会社という名称が使われていたので本章ではこの名称を使うことにする。
2）茂木正利『醤油味噌』ダイヤモンド社、1949年、４ページ。
3）松本延昌『しょう油物語』キッコーマン醤油株式会社、1976年、17ページ。
4）同上書、19ページ。
5）同上書、23～24ページ参照。
6）同上書、25ページ。
7）『キッコーマン株式会社八十年史』キッコーマン株式会社、2000年、42ページ。
8）藤原五三雄「産業革命期の東京醤油問屋組合」、林玲子編『東と西の醤油史』吉川弘文館、1999年、71ページ。
9）前掲『キッコーマン株式会社八十年史』、16ページ参照。
10）佐藤真編『野田の醤油経営史料集成』野田市郷土博物館、1985年、205～206ページ参照。
11）花井俊介「三蔵協定前後期のヤマサ醤油」、林玲子編『醤油醸造業史の研究』吉川弘文館、1990年、347、382ページ参照。
12）前掲『キッコーマン株式会社八十年史』、16ページ参照。

13） 同上書、16ページ参照。
14） 同上書、17ページ。
15） 同上書、18ページ参照。
16） 同上書、17ページ。
17） 同上書、17ページ。
18） 同上書、17ページ参照。
19） 同上書、77～78ページ。
20） 同上書、78～83ページ参照。
21） 同上書、81ページ。
22） 同上書、82ページ。
23） 同上書、87ページ。
24） 同上書、87ページ。
25） 同上書、104ページ。
26） 田中則雄「小豆島醤油と野田」『野田市史研究』第3号、野田市、1992年113ページ。
27） 同上論文、107～108ページ。
28） 前掲『キッコーマン株式会社八十年史』、23ページ。
29） 同上書、23ページ。
30） 同上書、90ページ。
31） 同上書、90ページ。
32） 同上書、91ページ。
33） 同上書、92ページ。
34） 同上書、94ページ。
35） 『キッコーマン醤油史』キッコーマン醤油株式会社、1968年、254～255ページ参照。
36） 前掲『キッコーマン株式会社八十年史』、97～98ページ参照ページ。
37） 『野田醤油株式会社二十年史』野田醤油株式会社、1940年、497ページ参照。
38） 前掲『キッコーマン株式会社八十年史』、119ページ。
39） 同上書、114ページ。
40） 同上書、114～115ページ。
41） 花井俊介、前掲書、369ページ。
42） 前掲『キッコーマン株式会社八十年史』、66ページ。
43） 同上書66～67ページ参照。
44） 同上書、110ページ。
45） 佐藤真編、前掲書、202～204ページ参照。

46) 前掲『キッコーマン株式会社八十年史』、111ページ。
47) 同上書、111ページ。
48) 同上書、111ページ参照。
49) 同上書、113ページ。
50) 花井俊介、前掲論文、372ページ。
51) 前掲『キッコーマン株式会社八十年史』、116ページ。
52) 前掲『キッコーマン醤油史』、273ページ。
53) 同上書、246～247ページ。
54) 前掲『野田醤油株式会社二十年史』、297ページ。
55) 前掲『キッコーマン株式会社八十年史』、94ページ。
56) 前掲『野田醤油株式会社二十年史』、299ページ。
57) 同上書、300ページ参照。
58) 前掲『キッコーマン醤油史』、361ページ参照。
59) 前掲『キッコーマン株式会社八十年史』、51ページ。
60) 前掲『キッコーマン醤油史』、337ページ。
61) 前掲『野田醤油株式会社二十年史』、569ページ。
62) 前掲『キッコーマン醤油史』、338ページ。
63) 『広告界』第6巻第8号、1929年、25ページ参照。
64) 前掲『キッコーマン醤油史』、338～340ページ。
65) 同上書、340ページ
66) 同上書、340ページ。
67) 同上書、360ページ。こういった表示は不当表示であることはいうまでもない。
68) 同上書、340ページ参照。
69) 同上書、342～343ページ参照。

結語

戦前日本において、マーケティングは部分的あるいは萌芽的に存在したという説もあるが、存在しなかったというのが通説である。しかし、この通説に疑問を持ち、戦前日本における対市場政策を検討し、戦前日本でもマーケティングが展開されていたかどうかを、明らかにしようとしたのが本書の目的である。

はじめにでは、本書の目的のほか、マーケティングの定義として「企業とりわけ巨大製造業の体系的な対市場活動」という規定を基本的に受け入れたこと、主な検討期間を明治後期から第二次世界大戦前ごろまでとしたことなどを述べている。

第１章では、マーケティングの母国であるアメリカにおけるマーケティングの生成について述べている。ここでは、マーケティングが生成した背景として、大量生産体制が確立し、企業がそのために激化した市場問題の解決の手段が必要になったことを指摘した。こうした独占資本主義経済の特質は、戦前日本でも同様であったのではないかと主張している。アメリカのマーケティングの生成期に関しては、主に、1880年代に商品特性から既存の商業企業では販売が容易でなかった一部産業の対市場活動からマーケティングの生成を求めるものと、ビッグ・ビジネスの台頭と関連して20世紀初頭にマーケティングが生成したとするものがあることを紹介した。

第２章では、戦前日本にマーケティングが存在しなかったとされる理由として、荒川祐吉氏が指摘した⑴貧弱な国内市場よりも、外国貿易に依存したこと、⑵商業資本の勢力が強く、商品販売をこれに委託することがより効果的であったこと、白髭武氏が指摘した(1)貧弱な国内市場よりも、軍事的国家権力を背景として、海外市場の強奪を積極的に進めたこと、(2)軽工業部門が中心で耐久消費財の生産に見るべきものがなかったこと、(3)流通過程を商業資本にほとんど把握されており、強度に自主的な商業資本に市場開発問題の解決を委ねるほうがより効果的であったことを紹介し、これらの主張に対して国内市場が貧弱であったからといって、その市場を支配しようとする諸技法をまったく行わなかったとは考えにくいこと、マーケティング活動が耐久消費財に限定される必要性があるのか疑問に思うことをあげ、批判的検討をしてきた。また、久保村隆祐氏、森真澄氏、前田和利氏、森川英正氏、鳥羽欽一郎氏、小原博氏、柳偉達氏の戦前日本のマーケティングについての研究も紹介している。これらについて、マーケティング理念への検討の欠落、技法についても柳氏を除いて部分的な検証に終わっている点などを指摘し、検討している。

第3章では、戦前日本に進出してきたアメリカ企業の対市場政策を検討した。戦前日本においては、自動車産業や、ミシン産業のように、まず外国企業が自国で行っていたマーケティング活動をそのまま導入して、活動していた。そこから、日本企業も影響されて、例えばミシン産業に見られるような、全国的な直営販売店網の構築・維持や月掛予約・月賦販売やセールスマンによる人的販売などを行っていた。そしてこれらは、個々に展開されたのではなく相互に依存しあい、統合されて行われていたのである。つまり、より日本の事情にあった形に変えて、マーケティング活動を行っていたといえる。ただ、製品政策については、消費者動向を反映させていたとは思われない点がある。つまり、できあがった物を売ろうとしていたのである。これは、強引ともいえる、訪問販売が展開されていたということからも、推し量ることができる。しかし、これは、外国企業が自国で展開していたマーケティングを導入したことを鑑みれば、1920年代にアメリカで行われていた、高圧的マーケティングの影響を受けたと考えることができる。

ゼネラルモータース（GM）やフォードが日本に組み立て工場をつくり，GMが日本市場に合わせた製品づくりや広告活動を、フォードが安価な価格政策をとったこと、また、シンガー社が日本で強力な直営販売店網を構築・維持、綿密な市場調査や信用調査、訪問販売、月賦販売などを展開していたことが確認され、これらが密接に結びつき販路開拓や需要創造を助けていたことを明らかにした。また、シンガー社に影響を受けた、パインミシンやブラザーミシンといった日本のミシン会社もシンガー社のマーケティング技法の模倣や対抗手段を捻出していたことが明らかになった。

第４章以降では、戦前日本の消費財産業を取り上げて検証してきた。製粉産業や繊維産業は、マーケティングを商社に依存して、独自のマーケティングは行っていなかったと一般には考えられてきた。確かに、多くの企業が、海外の販売や原料の買い付けなどを商社に依存していたのである。しかし、第４章で取り上げた日本製粉では製品政策として用途や嗜好に応えるために製品の多様化を行った。これは顧客満足の充足や顧客志向といった思想が、製品政策に反映していたからであろう。価格政策として価格協定や値引き販売、流通経路政策として三井物産に経営を支援されるまでは「末広会」といった独自の販売網構築の展開が特徴的であったが、プロモーション政策では、広告はあまり積極的に行われなかったことなどを析出している。これは、製粉業が生産財的要素も強かったためインダストリアル・マーケティング的性格が強い活動が展開されていたからだと考えてよいだろう。日清製粉では顧客の満足の充足を経営理念の基調にすえ、多品種生産を目指したこと、価格協定を行ったこと、特約店契約による独自の全国販売網構築などが特徴的であったと分析している。しかし、製粉産業においては1927（昭和２）年を境に、商社の力が強くなり、製粉会社独自のマーケティング活動は弱くなったことを明らかにしている。

第５章では、繊維産業を取り上げている。まず、鐘紡に見られたような、海外では駐在員を、また国内ではサービス・ステーションを通じて、市場調査を行って、消費動向を把握して、それをもとに市場を選定し、その市場にあった良質廉価な製品を創出して、自社ブランドで市場を開拓していったのである。これは、綿密な市場調査に基づき、製品政策における消費者志向、価格政策における廉価販売政策、伝統的流通機構に頼らない独自の販売経路の構築、自社ブランドの宣伝及び企業全体のイメージをあげようとした新聞による企業広告と駐在員による人的販売といったプロモーション政策などが有機的に相互に働きあって統合され、今日のマネジリアル・マーケティングの基準でも立派なマーケティングといえるのではなかろうか。

そして、グンゼのケースに見受けられたように、消費者志向の経営理念への反映とそれと同時に、消費者本位という錦の御旗の下におこる労働強化の動きなどが、すでに行われていたのである。これは、現代日本の流通分野などで見られる、消費者利益という名のもとで押し進められている、労働時間の延長や労働密度の強化というマーケティング思想の「二重構造性」のさきがけであるといえるのではないか。

福助足袋では販売の起点を常に一般大衆におくといった消費者志向的な考え方がみられること、製品政策においては消費者の嗜好を調査してそれに応えようとしたこと、価格政策では全国均一定価を実施したこと、流通経路政策では、明治後期にはすでに専属的チャネル政策がとられていたが、昭和初期には、より強力な販売経路構築のために独自の販売会社を設立させたこと、プロモーション政策では、多額の予算をとって積極的な広告活動が展開されたことを考察している。ここでは体系的な対市場政策が展開されており、マーケティングが展開されていたと思われる。

第6章では洋菓子産業を取り上げて、森永製菓、江崎グリコ、明治製菓を検討した。

経営理念では森永は販売会社、小売店、及び消費者との共存共栄で拡大しただけでなく、事業の成功は消費者の利益をも加味して成し遂げられるという現在の消費者志向に通ずるものといえよう。具体的には品質へのこだわりを持つことになる。江崎グリコの経営理念は創業者の利一の影響を強く受けた。当初の社是は「食品による国民健康運動」であり、1938（昭和13）年に会社発展の原動力は何であったかを探求し「質実剛健」、「勤倹力行」、「不屈邁進」、「創意創造」にまとめたのが社訓の原形であった。

このように、江崎利一は若年のころの教えにより、商売の神髄は奉仕による相互利益だと確信し、グリコーゲンとの出会いによって、それは「食品による国民健康運動」という具体的な目標となったといえるであろう。

森永の流通経路政策で特約店制度導入から販売会社の設立、それと並行して小売店の直営店を皮切りとして組織された森永ベルトラインストアの設立など、流通経路で主導権を握ることが森永の発展につながるという松崎半三郎の考えが具現化されていた。これは、現代日本、特に高度成長期から80年代までのマーケティングの特徴である系列店化に相通ずるものがある。戦前の江崎グリコにおいては、流通経路で強力な主導権を得たとは言い難いが、特約店制度を導入してきたことを見ても、流通過程での主導権の把握の重要性は認識していたといえる。

製品政策においては森永と江崎グリコともに、ユニークな製品づくりを目指していた。また、製品づくりにおいては、初歩的なものであるが嗜好調査や市場調査をおこないそれを製品づくりに反映させていた。この点を見ても消費者を志向していたといえるであろう。

また、特筆すべき点は、江崎グリコにおける前述してきた徹底した製品差別化である。今日のマーケティングにおいても製品の差別化政策は製品づくりの大きな柱の一つである。江崎グリコの森永や明治製菓を意識した製品差別化は今日の差別化政策と比べてもそん色のないものといえるだろう。

プロモーション政策においても、森永は、当時としては非常に珍しい広告媒体であった飛行機を使った広告活動や映画宣伝、紙芝居宣伝、新聞広告、ネオン広告、狭義の販売促進としてのチラシ、クーポン券、サンプルの配布や商品陳列補助などの幅広い活動がおこなわれていた。今日でも消費財のマーケティングではプロモーション活動に力点がおかれることが多いが、上述の活動のいくつかは今日でも通用するであろう。

価格政策において注目すべき点は、ともに、非価格競争をとおして、管理価格を設定したいという思惑がうかがわれることである。管理価格の設定は、今日のマーケティングの価格政策の中心的な政策といえる。その意味において、森永と江崎グリコの価格政策は今日のマーケティングと共通するものがあるといえる。

森永と江崎グリコの経営理念は、それぞれの会社の対市場政策に大きな影響をあたえてきたことはいうまでもないだろう。

明治製菓の対市場活動については、経営理念では、「質実剛健」や「至誠奉仕」といった抽象的な理念もあるが、製菓業の理想の一つは

「良品廉価」ともう一つの「人間の趣味的満足」への努力という矛盾した二つの流れを調和させて人間本来の要求に近い製品を作り出すことであると述べている。つまり、明治製菓では良品の大量生産によるコスト削減と消費者の多様な欲求を満足させる製品造りを同時に達成しようとしていたといえる。ここに、明治製菓の経営理念には消費者志向的な考えが存在していたと指摘できるだろう。

製品政策では、上述の経営理念が強く反映されていたことが指摘できる。明治製菓では外国人技師を招いて技術の導入と品質の向上を図っていたし、大久保工場では外国製製造機械を導入し大量生産体制構築の端緒を開き、川崎工場の完成で大量生産体制が本格化する。

また、大久保工場当時から製品多様化は見られたが、1935（昭和11）年頃にはチョコレート29銘柄、キャラメル８銘柄、ビスケット72銘柄をはじめとした合計156銘柄の主要菓子製品を生産し、その後も新製品をぞくぞく生産発売していく。明治製菓では、製品多様化が製品政策の根幹を成していたといえる。これは、多様な消費者の要求に応えるためには当然のことであり、消費者志向が存在していたと指摘できるだろう。それだけではなく、新製品の頻繁な開発は需要創造を意図していたことも明らかである。

そして、五感に訴えることや形、色彩、調和などに注意を払うことが重要であるとして、製品造りに反映されていた。これは商品の副次的特性に着目して、製品差別化を行っていたと考えられる。

特筆すべきことは、「金曜会」の存在である。これは、トップ・マネジメントをはじめ製品・製造、販売、流通、宣伝の担当者が、新製品計画から品質の改善及び統一、梱包、包装、特売、宣伝等一切について討論するという会議で、製品政策の観点からいえば、幅広い視点の情報がフィードバックされる可能性があったし、他のマーケティング諸政策と密接に関連しあっていたといえる。それだけでなく、「金曜会」が菓乳業務の最高決定機関であったことは明治製菓のマーケティング諸活動が密接に連携を取り合っていた証左である。つまり、明治製菓はマーケティング・コンセプトの一つであるマーケティング諸活動の統合を実施していたのは明らかである。これだけにとどまらず、トップ・マネジメントが参加し、現場の声を反映させながら、マーケティング活動に関わる項目の意志決定をしていたことは、マネジリアル・マーケティング的なことが行われていたことであり、これは当時の日本として画期的なことであった。

明治製菓は「良品廉価」という経営理念をうけて、大量生産によるコスト削減によって、比較的廉価な製品造りを目指していたのは間違いない。しかし、具体的な価格政策では建値制度が貫徹されていた。つまり、再販売価格維持制による価格の安定が図られ、最大利潤の確保が行われていたことが明らかになった。また、業界全体で価格協定による価格の安定も図られていた。そして、特売などはプロモーション的活動が中心で非価格競争が中心に行われていたと思われる。

明治製菓は明治商店を国内製品販売総代理店として、明治製菓製品の流通経路政策は任せていたといっても過言ではない。その流通経路政策の特徴は直営売店と直営販売所を開設して広範な販売網を作った点にある。直営売店は1933（昭和８）年には全国主要都市32カ所、直営販売所は1935年には全国各地に販売所34カ所，配給所17カ所に設置されていた。

つまり、明治製菓の流通経路政策は明治商店を創設して直営売店及び直営販売店を中心に特約店や小売店を含めた強力な系列化を行い、流通経路に対して強力な影響力と支配力を行使できる体制を構築したといえるだろう。こうした系列化を押し進めた理由の１つとして、大量生産体制と製品多様化政策から生み出される大量多品種の洋菓子を販売して、価値実現していく体制構築が不可欠であったことを見逃してはならないだろう。

また、「金曜会」のメンバーや議題からもわかるように、流通経路政策と他のマーケティング諸政策と密接な関係があったことが指摘できる。

プロモーション政策は、欧米視察の中でプロモーションの重要性を認識した、相馬半治会長によって幅広い広告媒体を活用して、強力に押し進められた。

消費者を主な対象としたものには、大量の新聞・雑誌広告はもちろんのこと、映画、歌詞募集、景品添付、景品引き替えキャンペーン、など幅広いプロモーション政策が実施された。

特約店や小売店を対象にしたものでは、特売との関係で観劇招待や旅行招待が盛んに行われた。こうした特売は流通経路政策との関係でも重要な活動であったことは間違いないし、非価格競争が展開されていたと指摘できる。その他には「スヰート」の発行なども行われた。

これまで見てきたように、明治製菓では「金曜会」でトップ・マネジメントをはじめ製品・製造、販売、流通、宣伝の担当者が、新製品計画から品質の改善及び統一、梱包、包装、特売、宣伝等一切について討論する体制を採っていた。この会議では当然、情報の交換や活動の調整・調和も図られていたと思われる。いいかえれば、４Ｐ諸政策は個々にバラバラで行われていたわけではなく、今日と比べても遜色のない４Ｐの活動が統合されて展開されていたといえるだろう。つまり、４Ｐ諸政策は相互に連携し、補完しあう密接な関係が存在したと思われる。したがって、明治製菓でも対市場活動を体系的に展開していたと考えられ、マーケティングがすでに実践されていたと指摘できるだけにとどまらず、おどろくべきことにマネジリアル・マーケティングの存在も明らかになったのではないかと考えている。もし、そうだとすれば、これは、当時の日本としては画期的なことであった。

第７章では麦酒産業を取り上げて、大日本麦酒と麒麟麦酒の対市場活動について紹介し、検討してきた。経営理念において、大日本麦酒は「品質第一、信用第一、生産第一」といった理念、麒麟麦酒では消費者や得意先の信頼を重んじて、広告などよりも品質を重視していくという考えを示したものであった。これらはともに品質を重視するといったことが強調されているが、麦酒という商品の場合も、社会的使用価値（この場合、品質）が低い商品は多くの消費者に受け入れられるわけもなく、したがって、麦酒を生産するにあたって、消費者を志向し、分析するのは当然であると考える。だから、大日本麦酒の「品質第一、信用第一、生産第一」というのも、麒麟麦酒の品質重視というのも、麦酒の消費者を度外視しては成り立たない理念であるといえないだろうか。この意味において、大日本麦酒の経営理念は一見、製品志向的ないし生産志向的に見受けられるが、その根底には消費者を志向したものがあると考えてよいだろうし、麒麟麦酒の場合も品質重視といった理念は消費者を志向した結果、導き出されてきたとも考えてよいであろう。ただし、大企業の行動は競争と協調の両側面があり、消費者志向といっても、通常は価格面で協調することが多く、非価格面での競争のなかで具体化していくことが多いのは、戦前も戦後も基本的に変わらないと考える。

製品政策では、まず、大日本麦酒および麒麟麦酒は大規模な生産施設を持ち、大量生産体制が、早い段階からできあがっていたことを指摘しておかなければならない。また、上述の経営理念は、４Ｐ諸政策に影響を与えていたと考えられるが、特に、製品政策には強い影響を与えていたのは明らかである。両社ともに、第１義的に良質の麦酒を提供することで消費者にこたえようとしていたといえるだろう。また、大日本麦酒においては、1935（昭和10）年には、すでに14銘柄を販売していて市場の様々な嗜好にこたえようとしていた。それに、副原料を使用することで市場の嗜好に合わせようとする製品造りやミュンヘンビールの製造販売では、部分的な市場細分化も見受けられた。当時の大日本麦酒の製品政策は、経営理念をうけて、製品多角化や製品差別化が図られ、部分的な市場細分化の試みや、ときには市場の嗜好を考慮に入れた消費者志向的な製品づくりが行われていたといえる。また、麒麟麦酒においても、1933（昭和８）年には、７銘柄の製品をそろえ、多様な嗜好にこたえていたのは明らかである。つまり、両社では、すでに消費者志向的な製品づくりをしていたといえるだろう。

価格政策では、両社ともに価格の安定を価格協定によって達成しようとしている。これは、戦後、長くつづいたプライス・リーダー制度による価格統制として現れてくるような、価格に対する麦酒業界の体質がすでに形成されていたことを示している。これらの価格協定は、大日本麦酒と麒麟麦酒が最大利潤の獲得を目指した価格面での協調的活動であると指摘しておきたい。こうした価格協調は、消費者志向と矛盾することは明らかであり、戦後においても同様である。

また、両社ともに割戻制度をとっていたが、これは価格政策と流通経路政策が密接に関連していたことを示している。

流通経路政策では、大日本麦酒は特約店制度をとり、麒麟麦酒は明治屋を総代理店とする代理店制度を採用している。どちらも麦酒生産者に代わりに商品を販売し手数料を稼ぐといった内容のものであった。ただ、麒麟麦酒の場合は、初期には明治屋に他の代理店との交渉も任せていたことが若干違う点である。両社とも、大正の終わりごろには全国主要都市を網羅する販売網を構築していく。かなり早い段階から、全国販売網が確立された理由の一つは、大量生産体制から生み出される大量の麦酒を販売して価値実現していく体制構築が不可欠であった点を見逃してはならないだろう。

麒麟麦酒は、1924（昭和２）年に営業部をつくり、自ら各地域の代理店と直接取引をはじめた。これは、流通経路をより直接的にコントロールしようとする狙いがあったと考えられる。また、両社ともビアホールなどによる消費者への直売も重要な流通経路の一つと考えていたといってよいだろう。

プロモーション政策では、大日本麦酒と麒麟麦酒は麦酒が嗜好品であるが故にプロモーション活動の重要性を認識し、様々なプロモーション活動を多くの費用をかけて展開している。そして、大日本麦酒の観劇招待や麒麟麦酒のビール列車、東北旅行会などの「接待」のような流通業者に向けての活動が多く存在したが、消費者向けのものも少なくなかった。これらは、製品の告知や品質のアピールなどは製品政策と関連してくるのはいうまでもないが、流通業者向けのプロモーション活動は流通経路政策とも密接に関連してくるといえるだろう。また、両社の積極的なプロモーション活動は非価格競争の激しさを意味しており、現代のマーケティングの特質とも相通じるものがあるのではないだろうか。

これまで見てきたように、大日本麦酒と麒麟麦酒では、４Ｐ諸政策は個々にバラバラで行われていたわけではない。それどころか、今日と比べても遜色ない４Ｐの活動が展開されていた。つまり、現代ほど洗練されたものではないが、ある意味で素朴ではあるが、本質に関わる消費者志向的な経営理念のもとで、４Ｐ諸政策は相互に補完しあう密接な関係が存在したと考えている。したがって、大日本麦酒と麒麟麦酒でも、対市場活動を体系的に展開していたと考えられ、すでにマーケティングが実践されていたといえるだろう。

第８章では野田醤油株式会社の対市場活動について検討してきた。経営理念では「社会に開かれた」「社会に奉仕する企業」といった考えのもとに行動しているといえる。こうした考えのもとでの品質の高い製品造りは、競争相手であった小豆島の丸金醤油からは「消費者本位であって、能う限り良い品を提供することによって消費者を利益」すると見られていた。つまり、品質の高い醤油を消費者に提供するということは消費者の利益を前提にしていることであり、ここに消費者志向的な考え方が存在していたと見られていた。

製品政策としては「第17工場」や「関西工場」といった当時としては最新鋭の設備で巨大な仕込み能力をもった工場の建築によって品質の高い醤油が大量に生産できるようになった。そして、これはキッコーマン印へのブランド統合に大いに貢献した。

キッコーマン・ブランドへ統一を図ることで、これをナショナル・ブランドに育成しようといったブランド政策は、地方営業強化のために開設した出張所・派出所や日常的な営業活動と密接に関連していたことは明らかである。こうしたブランド政策はキッコーマン印が最上品として長年培ってきた評判によるところが大きく、情緒的・心理的差別化が行われていたといえるだろう。

また、容器の多様性は、業務用か小口顧客用かによって分類されていたところが大きいが、品質保持といった観点から、消費者の嗜好に応えたという点もあると思われる。こうした消費者を志向した行動も行われていた。

価格政策においては、ヒゲタ、ヤマサとの三蔵協定により長年にわたった商慣行である「問屋委託販売製度」を「値極制度」に変更し、価格決定権を問屋から奪還したことが特筆される。こうして、野田醤油の価格政策は協定による卸売建値制度や定価販売制度の導入によって、再販売価格維持制を実施し、価格の安定を図ることにより最大利潤の確保を目指したと考える。また、価格決定権の奪取や直配手形制度の実施から見ても、価格政策実施の成否は、流通経路における支配力の強化にかかっており、流通経路政策との密接な連繋が必要であったことが指摘できる。

野田醤油が設立されるまでの流通経路は国分商店や岡田商店といった東京の有力問屋と特約店契約を結び日本各地の販売を委託していた。しかし、野田醤油が設立された後は、大阪出張所を手始めに、東京出張所、下関派出所、名古屋派出所、小樽派出所を開設して、問屋と直接取引を行うことになった。こうして全国各地をいずれかの出張所・派出所が担当する販売網を構築したことが明らかになった。そして、野田醤油は流通経路に対して強力な支配力を発揮できるようになったと思われる。これは、今日的な垂直的マーケティング・チャネル的な性格をもっていたと指摘できるだろう。

こうした出張所・派出所は流通経路としての重要な役割をはしていた以外にも、市場調査・広告についても重要な拠点として機能していたと考えられる。つまり、野田醤油の各出張所・派出所は、製品政策やプロモーション政策の重要な情報源であったと指摘できるだろう。

野田醤油では、プロモーション活動は重要な需要惹起の手段として認識していたことが検証できた。

そして、プロモーション政策では新聞広告を中心とし、雑誌広告を援護としているが、その他に、広告塔、電気広告、鉄道沿線広告、電柱、浴場、劇場等を利用し、また突出した看板、ポスター、手帳、新聞折込、宛名広告、映画、飛行機などの実に多様な広告媒体を活用している。広告に関していえば予算編成から広告の対象、時には内容を各地域に適応化させながら、効果の測定まで科学的な広告体系がつくりあげられていたことが明らかになった。

狭義のセールス・プロモーションも景品付き特売やサンプルの配布などがさかんに行われていたであろうし、各出張所・派出所の営業員によって日常的に問屋や小売店に対しての人的販売が行われていたことは間違いないであろう。

これらのプロモーション政策は需要の喚起といった面からは製品政策や情報源としての各出張所・派出所と密接に関連しあっていたことはいうまでもないであろう。

以上のように、野田醤油では４Ｐ諸政策がバラバラに展開されていたわけではなく、それどころか今日と比べても遜色のない４Ｐ活動が統合されて展開されていたと指摘できる。したがって、野田醤油においても体系的な対市場活動が行われていたわけであり、マーケティングがすでに実践されていたと考える。

これまで戦前の消費財産業のうちから製粉産業、繊維産業、洋菓子産業、麦酒産業、醤油産業から大企業を取り上げて、不十分ながら分析・検証を加えてきた。ここで取り上げた企業においては、体系的な対市場政策が展開され、中には今日のマネジリアル・マーケティングにも類似するような活動が行われていた。つまり、マーケティングが実践されていたことが明らかとなったと考えている。

参考文献

・『Asahi100』アサヒビール株式会社、1990年。
・天谷章吾『日本自動車工業の史的展開』亜紀書店、1982年。
・荒川祐吉『現代配給理論』千倉書房、1960年。
・有沢広巳『現代日本産業講座Ⅰ』岩波書店、1956年。
・有嶋健助『使命の感激』児玉榊、1941年。
・石川寛治『日本流通史』有斐閣、2003年。
・稲垣眞美、『日本のビール』中央公論社、1978年。
・犬伏肇『資料が語る近代日本広告史』東京堂出版、1990年。
・上野陽一『販売心理』千倉書房、1936年。
・薄井和夫『アメリカ・マーケティング史研究——マーケティング管理論の形成基盤——』大月書店、1999年。
・薄井和夫「マーケティング史研究におけるマーケティング概念の多義性について」拓殖大学『経営経理研究』第106号、2016年。
・薄井和夫「アメリカの流通研究　Ⅰ．マーケティングの成立・展開、Ⅱ．小売業態の歴史的展開」阿部真也他編『流通研究の現状と課題』ミネルヴァ書房、1995年。
・薄井和夫「マーケティング史の現状と課題に関する一考察——日米における研究動向の比較を踏まえて——」埼玉大学『社会科学論集』第90号、1997年。
・薄井和夫「両大戦間期アメリカの流通構造とチャネル選択論の展開」埼玉大学『社会科学論集』第93号、1998年。
・薄井和夫「両大戦間期アメリカ・マーケティング論における伝統的アプローチと管理学派の展開」中央大学『商学論纂』第39巻第3・4号、1998年。
・江崎グリコ株式会社編『創意工夫——江崎グリコ70年史——』江崎グリコ株式会社、1992年。
・江崎利一『私の履歴書』日本経済新聞社、1964年。
・江崎利一『商道ひとすじの記』日本実業出版社、1977年。
・大塚栄三『馬越恭平翁伝』馬越恭平翁伝記編纂会、1935年。
・尾崎久二博、神保充弘編著『マーケティングへの歴史的視角』同文舘、2000年
・尾崎久仁博、「マーケティングの発展段階をめぐって——通説と最近の議論の動向——」『同志社商学』第45巻4号、1993年。
・金子洋次郎編『福助足袋の六十年』福助足袋株式会社、1942年。

・鐘紡株式会社社史編纂室編『鐘紡百年史』鐘紡株式会社、1988年。
・『野田醤油株式会社二十年史』野田醤油株式会社、1940年。
・『キッコーマン醤油史』キッコーマン醤油株式会社、1968年。
・『キッコーマン株式会社八十年史』キッコーマン株式会社、2000年。
・『麒麟麦酒株式会社五十年史』麒麟麦酒株式会社、1957年。
・『麒麟麦酒の歴史――戦後編』麒麟麦酒株式会社、1969年。
・『キリンビールの歴史――新戦後編』キリンビール株式会社、1999年。
・『キリンビールの歴史――新戦後編　資料集』キリンビール株式会社、1999年。
・久保村隆祐「日本のマーケティング発達史」村田昭治編『現代マーケティング論』有斐閣、1973年。
・グンゼ株式会社社史編纂室編『グンゼ株式会社八〇年史』グンゼ株式会社、1978年。
・『広告界』誠文堂新光社、第６巻第８号1929年。
・小林正彬、下川浩一、杉山和雄他編『日本経営史を学ぶ２』有斐閣、1976年。
・小原博『マーケティング生成史論［増補版］』税務経理協会、1991年。
・小原博『日本マーケティング史――現代流通の史的構図――』中央経済社、1994年。
・小原博『日本流通マーケティング史』拓殖大学・中央経済社、2005年。
・近藤文男『成立期のマーケティングの研究』中央経済社、1988年。
・近藤文男、若林靖永編著『日本企業のマス・マーケティング史』同文舘、1991年。
・『サッポロ120年史』サッポロビール株式会社、1996年。
・坂本重関『販売の研究』森山書店、1932年。
・佐藤建次『日本のビール盛衰史』東京書房社、1985年。
・佐藤真編『野田の醤油経営史料集成』野田市郷土博物館、1985年。
・四宮俊之「食品企業における成長と革新」、由井常彦・橋本寿朗編『革新の経営史』有斐閣、1995年。
・島田勇雄「菓子の歩いた道」芳賀登・石川寛子監修『全集日本の食文化第六巻　和菓子・茶・酒』1996年。
・下川浩二『マーケティング：歴史と国際比較』文眞堂、1991年。
・蛇の目ミシン社史編集委員会編『蛇の目ミシン創業五十年史』蛇の目ミシン工業株式会社、1971年。
・昭和女子大学食物研究室『近代食物史』近代文化研究室、1973年。
・白髭武『現代のマーケティング』税務経理協会、1962年。
・白髭武『アメリカンマーケティング発達史』実教出版、1978年。
・白髭武『日本マーケティング発達史』文化社、1967年。

・『大正大阪風土記』、1926年。
・『大日本麦酒株式会社三十年史』大日本麦酒株式会社、1936年。
・田中則雄「小豆島醤油と野田」『野田市史研究』第３号、野田市、1992年。
・谷口吉彦『商業組織の特殊研究』日本評論社、1931年。
・谷口吉彦『配給組織論』千倉書房、1937年。
・玉城哲、井上敏夫「第四編　製菓工業」、中島常雄編『現代日本産業発達史18　食品』交詢社出版局、1967年。
・A.D.チャンドラー、鳥羽欽一郎・小林袈裟治訳『経営者の時代　下』東洋経済新報社、1979年。
・津金澤聰廣、有山輝雄、山本武利、吉田曠二『近代日本の新聞広告と経営』朝日新聞社、1979年。
・R.S.テドロー、近藤文男監訳『マス・マーケティング史』ミネルヴァ書房、1993年。
・寺田寅彦「丸善と三越」『寺田寅彦随筆集第一巻』岩波書店、1947年。
・電通編『松崎半三郎』森永製菓株式会社、1964年。
・『東京小売酒販組合四〇年史』東京小売酒販組合、1963年。
・鳥羽欽一郎「日本のマーケティング――その伝統性と近代性についての一考察――」『経営史学』第17巻第１号、1982年。
・中瀬寿一『日本広告産業発達史研究』法律文化社、1968年。
・中村孝也『和菓子の系譜』国書刊行会、1989年。
・新村出編『広辞苑第四版』岩波書店、1991年。
・日清製粉株式会社編『日清製粉株式会社史』日清製粉株式会社、1955年。
・日清製粉株式会社編『日清製粉株式会社七〇年史』日清製粉株式会社、1970年。
・『日清製粉100年史』日清製粉株式会社、2001年。
・『日本チョコレート工業史』日本チョコレート・ココア協会、1958年。
・日本製粉社史委員会編『日本製粉株式会社七〇年史』日本製粉株式会社、1968年。
・日本製粉社史委員会編『九十年史』日本製粉株式会社、1987年。
・野口祐編『経営学史概説』南雲堂深山社、1971年。
・花井俊介「三蔵協定前後期のヤマサ醤油」、林玲子編『醤油醸造業史の研究』吉川弘文館、1990年。
・ロバート・バーテルズ、山中豊国訳『マーケティング学説の発展』ミネルヴァ書房、1993年。
・『フクスケ100年のあゆみ』福助株式会社、1984年。
・藤原五三雄「産業革命期の東京醤油問屋組合」、林玲子編『東と西の醤油史』

吉川弘文館、1999年。
・ブラザー工業株式会社社史編集委員会編『ブラザーの歩み』ダイヤモンド社、1971年。
・堀田一善『マーケティング思想史の中の広告研究』日本広告研究所、2003年。
・前田和利「マーケティング」中川敬一郎編『日本的経営』日本経済新聞社、1977年。
・マーケティング史研究会編『マーケティング学説史〈アメリカ編〉』同文舘、1993年。
・マーケティング史研究会編『流通のポリティクス』白桃書房、1993年。
・マーケティング史研究会編『日本のマーケティング――導入と展開』同文舘、1995年。
・マーケティング史研究会編『マーケティング学説史 日本編』同文舘、1998年。
・マーケティング史研究会編『日本流通産業史――日本的マーケティングの展開』同文舘、2001年。
・マーケティング史研究会編『オルダースン理論の再検討』同文舘、2002年。
・マーケティング史研究会編『現代アメリカのビッグストア』同文舘、2006年。
・マーケティング史研究会編『マーケティング学説史 アメリカ編　増補版』同文舘、2008年。
・マーケティング史研究会編『ヨーロッパのトップ小売業――その史的展開』同文舘、2008年。
・マーケティング史研究会編『海外企業のマーケティング』同文舘、2010年。
・マーケティング史研究会編『マーケティング研究の展開』同文舘、2010年。
・マーケティング史研究会編『日本企業のマーケティング』同文舘、2010年。
・マーケティング史研究会編『日本企業のアジア・マーケティング戦略』同文舘、2014年。
・マーケティング史研究会編『マーケティング学説史-日本編-　増補版』同文舘、2014年。
・マーケティング史研究会編『マーケティング学説史 アメリカ編II』同文舘、2019年。
・松崎半三郎「思ひでのままに」森永製菓株式会社編『森永五十五年史』森永製菓株式会社、1954年。
・松本延昌『しょう油物語』キッコーマン醤油株式会社、1976年。
・光澤滋朗『マーケティング論の源流』千倉書房、1989年。
・B.R.ミッチェル『マクミラン世界歴史統計（Ⅱ）日本・アジア・アフリカ篇』原書房、1984年。

・宮本又郎・阿部武司・宇田川勝・沢井実・橘川武郎『日本経営史』有斐閣、2000年。
・『三十五年史　明治商事株式会社』明治商事株式会社、1957年。
・『明治製菓株式会社二十年史』明治製菓株式会社、1936年。
・『明治製菓株式会社40年小史』明治製菓株式会社、1958年。
・明治製菓株式会社『お菓子読本』明治製菓株式会社、1977年。
・茂木正利『醤油味噌』ダイヤモンド社、1949年。
・森川英正『日本型経営の展開――産業開拓者に学ぶ――』東洋経済新報社、1980年。
・森下二次也『マーケティング論の体系と方法』千倉書房、1993年。
・森下二次也編著『マーケティング経済論〈上巻〉』ミネルヴァ書房1972年
・森永太一郎「今昔の感」森永製菓株式会社編『森永五十五年史』森永製菓株式会社、1954年。
・守永正『増訂新版　お菓子の歴史』白水社、1965年。
・森真澄「「マーケティング」の先駆的形成」小林・下川・杉下・栂井・三島・森川・安岡編『日本経営史を学ぶ　2』有斐閣、1976年。
・保田芳昭『マーケティング論研究序説』ミネルヴァ書房、1990年。
・保田芳昭編『マーケティング論』大月書店、1993年。
・山本武利「近代広告の一断面　続」『宣伝会議』、No.220、1971年第10号。
・由比常彦、大東英祐編『大企業の時代の到来』岩波書店、1995年。
・柳偉達「戦前期日本の萌芽的国際マーケティング」(1)、(2) 関西大学大学院『千里山商学』第54号、2001年、及び第55号、2002年。
・柳偉達「戦前期日本紡績業の萌芽的マーケティング」『関西大学商学論集』第47巻第6号、2003年。
・柳偉達「日本マーケティング史における萌芽的段階」日本流通学会『流通』No.16、2003年。

・H. E. Agnew, "The History of the American Marketing Association," *Journal of Marketing*, Vol.5 April, 1941.
・Robert Bartels, "Can Marketing be a Science?" *Journal of Marketing*, Vol.15 Jan., 1951.
・Robert Bartels, "Influences on the Development of Marketing Thought," *Journal of Marketing*, Vol.16 July, 1951.
・Robert Bartels, *The Development of Marketing Thought*, R. D. Irwin, Inc. 1962.

- Robert Bartels, *Marketing Theory and Metatheory*, Richard D. Irwin, Inc., 1970.
- Robert Bartels, *The History of Marketing Thought Second Edition*, Grid Inc., 1976.
- Robert Buzell, "Is Marketing a Science?" *Harvard Business Review*, 41, January-February, 1963.
- A. D. Chandler, "The Beginning of "Big Business" in America Industry," *Business History Review*, Spring 1959,
- Paul D. Converse, "The Development of the Science of Marketing;" An Exploration Survey," *Journal of Marketing*, Vol.10 July, 1945.
- Paul D. Converse, *The Beginning of Marketing Thought in the United States, with Reminiscences of Some of the Pioneer Scholars*, Bureau of Business Research Studies in Marketing, No.3, Austin: University of Texas, 1959.
- Melvin T. Copeland *Marketing Problems*, A.W. Shaw Co, 1920.
- Frank G. Coolsen, *Marketing Thought in the United States in the Late Nineteenth Century*, Texas Tech Press, 1960.
- Cox, Reavis, Alderson, Shapiro (eds.), *Theory in Marketing*, Richard D. Irwin, Inc., 1964.
- G. Fisk, *Marketing Systems: An Introductory Analysis*, Harper & Row, Publishers, 1967.
- Ronald A. Fullerton, "The Poverty of A Historical Analysis : Present Weakness and Future Cure in U.S. Marketing Thought," A. F. Firat, N. Dholakia, R. P. Bagozzi (ed.), *Philosophical and /Radical Thought in Marketing*, Lexington Books, 1987.
- Ronald A. Fullerton, "How modern is modern marketing? Marketing' s evolution and the myth of the "production era" ," *Journal of Marketing*, Vol.52, Jan., 1988, .
- Ronald A. Fullerton, (ed.), *Exploration in the History of Marketing*, Greenwich, Connecticut: JAI Press Inc., 1994.
- Robert J. Keith, "The marketing revolution," *Journal of Marketing*, Vol.24 No.3, Jan., 1960.
- Philip Kotler and S.J. Levy, "Broadening the Concept of Marketing," *Journal of Marketing*, Vol. 33, July, 1969,
- Philip Kotler, *Marketing Management*, Englewood Cliffs, NJ, Prentice Hall, 1991.

・Erdogan Kumcu, "Historical Analysis of Distribution Systems : An International Research Agenda," Marketing in the Long Run, Preceedings of the Second Workshop on Historical Research in Marketing, East Lansing MI: Michigan State University, 1985.
・William Lazer and E.J. kelley（eds.）*Managerial Marketing: Perspectives and Viewpoints*, Richard D. Irwin, Inc., 1962.
・Theodore Levitt, "Marketing Myopia," *Harvard Business Review*, July/August, 1960.
・James E. Magerty, "Experiences of Our Early Marketing Teachers," *Journal of Marketing*, Vol.1 July, 1936.
・E.J. McCarthy, *Basic Marketing: a Managerial Approach*, Richard D. Irwin, Inc., 1960.
・E.D. McGarry "The Contractual Function in Marketing," *Journal of business*, April, 1945.
・E.D. McGarry "Some New Viewpoints in Marketing," *Journal of Marketing*, Vol.18 July, 1951.
・J. D. Mooney, "Selling the Automobile Oversea : How General Motors' Export Business is Handled," *Management and Administration*, July 1924.
・H.H. Naynard, "Training Teachers of Marketing and Research Workers," *Journal of Marketing*, Vol.2 April, 1938.
・T. Nevett and S.C. Hollander, "Toward a Circumscription of Marketing History: An Editorial Manifesto," *Journal of Macromaketing*, Vol.14, No.1, Spring 1994.
・T. Nevett and Kazuo Usui, "Exploring The Nature of Marketing History : Proposition and Discussion,"『社会科学論集』第88号、1996年７月号
・A. Nevins and F. E. Hill, *Ford : Expansion and Challenge*, 1915-1933, Arno Press, 1976.
・David A. Revzan, *A Comprehensive Classified Marketing bibliography*, Part I and Part II, Berkeley : University of California, 1955.
・R. Savitt, "Historical Research in Marketing," *Journal of Marketing*, Vol.44, No.3, Fall, 1980.
・G. Schwartz（ed.）, Science in Marketing, John Wiley and Sons, Inc., 1965.
・A.W. Shaw, *Some Problem in Market Distribution*, Harvard University Press, 1951.
・Ralph Thompson, *Selected and Annotated bibliography of Marketing Theory*, Bureau of Business Research Bibliography Series, No.14, Austin : University

of Texas, 1958.
・Kazuo Usui, *Marketing and Consumption in Modern Japan*, Routledge, 2014.
・E.B. Weiss, "Will Marketing Ever Become a Science?" Advertising Age, August 20, 1962.
・L.D.H. Weld, "Early Experiences in Teaching Courses in Marketing," *Journal of Marketing*, Vol.5 April, 1941.

著者略歴

野村 比加留（のむら ひかる）

［略　歴］
1961年　島根県松江市に生まれる。
1991年　アラバマ大学商学部卒業
1993年　テネシー大学チャタヌガ校大学院経営学専攻修了（経営学修士：M.B.A.）
1997年　関西大学商学研究科商学専攻博士課程後期課程単位修得
2000年　酒田短期大学助教授
2005年　関西大学商学研究科商学専攻博士課程後期課程修了（博士（商学））
2006年　東京農業大学生物産業学部講師
2012年　東京農業大学生物産業学部准教授（現在に至る）
［専　攻］マーケティング論

［主要著書］
『現代流通機構の解明』（共著）税務経理協会、2006年
『現代流通事典』（共著）白桃書房、2006年
『現代社会における産業経営学のフロンティア』（共著）学文社、2007年
『日本企業のマーケティング』（共著）同文舘、2010年
『マーケティング学説史—アメリカ編Ⅱ—』（共著）同文舘、2019年

戦前日本のマーケティング

2021年9月27日　第1版第1刷発行

著　者　野村比加留
発行者　鶴見治彦
発行所　筑波書房
東京都新宿区神楽坂2－19 銀鈴会館
〒162－0825
電話03（3267）8599
郵便振替00150－3－39715
http://www.tsukuba-shobo.co.jp

定価は表紙に表示してあります

印刷／製本　中央精版印刷株式会社

ISBN978-4-8119-0609-6 C3033